TEXTES
ET
DOCUMENTS

TOME V

EDHIS

EDITIONS D'HISTOIRE SOCIALE
10, RUE VIVIENNE
PARIS

— V —

LA REVOLUTION FRANÇAISE
ET L'ABOLITION DE L'ESCLAVAGE

La collection « La Révolution française et l'abolition de l'esclavage » comprend au total quatre-vingt-neuf titres répartis en douze volumes, qui forment quatre séries:

A - *La traite des Noirs et l'esclavage, tomes I à V.*

B - *La Société des Amis des Noirs, tomes VI à IX.*

C - *La révolte des Noirs et des Créoles, tomes X et XI.*

D - *La législation nouvelle, qui, avec une table générale des douze volumes et un index, forme le XIIe et dernier volume.*

LA RÉVOLUTION FRANÇAISE
ET L'ABOLITION DE L'ESCLAVAGE

V

TRAITE DES NOIRS
ET
ESCLAVAGE

*****

EDHIS
EDITIONS D'HISTOIRE SOCIALE
10, RUE VIVIENNE
PARIS

TABLE DU TOME V

RÉGÉNÉRATION

DES

COLONIES,

OU

MOYENS DE RESTITUER GRADUELLEMENT

AUX HOMMES

LEUR ÉTAT POLITIQUE,

Et d'assurer la prospérité des Nations ;

ET

Moyens pour rétablir promptement l'ordre dans les colonies Françaises.

PAR A. BONNEMAIN,

ami de la justice et de la paix.

L'esclavage, père des crimes, est la ruine des nations ; et la liberté, mère des vertus, est la boussole d'un bon gouvernement et la gloire des empires. (Chap. 2 de cet ouvrage.)

A PARIS,

Au bureau de l'Imprimerie du Cercle Social, rue du Théatre-François, N°. 4.

Et *chez* GIROD et TESSIER, libraires, rue de la Harpe, N°. 162.

Ier. mars 1792.

L'an 4 de l'égalité des droits.

AVERTISSEMENT.

J'ai visité les colonies Françaises, Espagnoles et Anglaises. -- Affligé des cruautés qu'on exerce sur mes semblables, je m'étais promis de déchirer le voile tissu par la cupidité. -- L'ouvrage que je donne, fini au commencement de 1790, fut présenté à cette époque à un député des colonies ; invité à le lui laisser pour y faire des changemens que la vérité et la justice ne permettaient pas, je le communiquai à des hommes éclairés et vertueux, qui approuvèrent l'ouvrage. -- Déjà il était livré à un imprimeur lorsque parut le décret de mars sur les colonies. -- A cette époque le colon partial tenait pour infâme tous ceux qui écrivaient pour les nègres, la prudence me fit retirer mon ouvrage ; je voulu laisser calmer les esprirs. -- Une malheureuse expérience a déjà prouvé la nécessité de s'occuper du sort des esclaves.

Aujourd'hui qu'il est essentiel que les nouveaux législateurs soient entièrement instruits sur le régime colonial, je me décide à faire paraître mon ouvrage, tel que je l'avais rédigé. s'il ne renfermoit des faits, des résultats, des moyens, un plan que je n'ai vu nulle part, je me serais borné à faire des vœux pour la régénération de l'espèce humaine.

Je joins à cet ouvrage un supplément qui m'a paru essentiel dans un moment où les colonies sont dans un danger éminent.

J'ose espérer que le lecteur impartial ne verra en moi qu'un homme qui a desiré être utile à ses semblables et à sa patrie.

RÉGÉNÉRATION

DES COLONIES.

C'EST un spectacle bien horrible et bien affligeant, pour toute ame juste et sensible, que celui de la traite et de l'esclavage des Africains. Jouets, depuis trois siècles, de la cupidité des Européens, on les a entassé par millions dans une terre arrosée de leur sueur, de leurs larmes et de leur sang.

Vainement a-t-on réclamé les précieux droits de l'humanité, l'avarice a triomphé. Mais bientôt ces tems d'horreurs et de calamités ne seront plus.... Le tocsin de la liberté rétentit de toutes parts.... La vérité déchire le voile épaissi par l'ignorance, et tissu par la cruauté.... La raison enfin, plane au-dessus des mortels.

Depuis que la philosophie a sappé les préjugés, terrassé la superstition ; depuis que des sociétés respectables se sont formées dans les deux hémisphères, pour venir au secours des opprimés, on a enfin porté un œil de compassion sur les malheureux nègres. Vaine pitié que celle qui n'est succédée d'aucun effet ! Loin de diminuer les souffrances elle ne fait que les agraver , en rappellant au souvenir ce qui ne peut lui échapper que par l'extinction momentanée du sentiment, sentiment qui s'enflame à la moindre lueur des rayons du bonheur.

Sans doute qu'il est bon de s'occuper à adoucir le sort des infortunés noirs ; mais il serait encore mieux de donner des moyens pour extirper à jamais le hideux esclavage.

Il serait absurde , disent tous les Colons irréfléchis et cruels , que l'on puisse proposer une seule mesure conservatrice des *colonies* , lesquelles , suivant eux , *ne peuvent subsister sans esclaves.*

Ceux qui ne consultent que la sensibilité de leur cœur , et qui , faute d'expérience locale , ne peuvent prévoir des suites dangereuses , réclament pour les noirs une *liberté entière sans restriction.* C'est ainsi que l'on donne dans les extrêmes.

Quant à moi , mon système est d'abolir immédiatement la traite , et de détruire graduellement l'esclavage, en conciliant l'intérêt des maîtres avec celui des esclaves. Pour mieux apprécier les moyens que je proposerai, il me paraît nécessaire de connaître les causes et les effets de l'esclavage.

Je commencerai donc par donner des appersçus sur l'origine, les progrès et les résultats de l'esclavage des nègres.—En second lieu je prouverai le devoir et la nécessité de détruire l'esclavage. — En troisième lieu j'établirai que la traite est plus onéreuse que lucrative ; qu'elle est ruineuse pour les empires, et je proposerai un remplacement avantageux tant pour les colons que pour les commerçants. — En quatrième lieu je prouverai les avantages d'abolir l'esclavage. Je donnerai les moyens d'y parvenir graduellement. — Cinquièmement, je donnerai un apperçu rapide sur les colonies, et notamment ce qui a trait au préjugé sur les hommes de couleur. Je proposerai des réformes, dont j'établirai les avantges. — Sixièmement enfin, je proposerai des réglemens pour parvenir à ce but intéressant.

Telle est la tâche que je m'impose. Je ne chercherai point, comme des antagonistes de la liberté, à me créer des fantômes pour les combattre ; ce que je dirai détruira nécessairement leurs plus fortes objections : j'aurai pour guide la vérité , pour droit la raison et pour force l'humanité.---Parlant à des hommes libres , soumettant mon ouvrage à une nation éclairée , j'espère que la déclaration des droits de l'homme ne sera point , comme on a osé le dire , un roman en politique.

CHAPITRE PREMIER.

Origine , progrès et résultats de l'esclavage des négres.

L'ORIGINE de l'esclavage est très-reculée ; elle prend sa source dans la force physique de certains hommes et dans le besoin qu'ils ont eu de dominer les autres plus faibles et moins ambitieux ; des opinions fausses en ont été les alimens ; et la cupidité l'a portée à son comble. Les Egyptiens , les Grecs , les Romains , en un mot presque tous les peuples ont fait le trafic abominable de l'homme : ses droits étoient méconnus.

En Guinée il y avoit deux sortes d'esclaves : *esclaves par droit de conquête , ou sédés à titre de bienfait ou de dommage ; esclaves sous la dénomination d'esclaves nés.*

(9)

Les premiers étaient sujets à changer de maîtres, et leur peine, si elle en était une, étoit bornée là. Quand aux derniers leur esclavage étoit encore bien plus doux, puisqu'ils restoient dans leur pays et entourés de leurs familles.

Telle était l'esclavage des nègres, lorsqu'en 1443, les Portugais furent prendre un grand nombre de prisonniers sur les côtes d'Afrique. A peine le nouveau monde fut-il découvert (1) que l'on y transporta des hommes noirs, pour y remplacer les malheureux Indiens, détruits par la cruauté des Espagnols : le conseil révoltant en fut donné par un moine intrigant et ambitieux, moine élevé au rang des philosophes, par un prêtre éloquent. (2) A mesure que les premiers Colons retiraient des bénéfices de la terre qu'ils arrosaient de leur sueur, ils achetaient des compagnons de travaux. C'est ainsi que l'accroissement du produit de leurs

(1) C'est en 1503 que ce transport se fit.

(2) Le grand âge de M. Raynal lui a fait commettre une extravagance bien anti-philosophique ; V. ma réponse à sa lettre à l'assemblée nationale intitulée : *Thomas qui veut et qui ne veut pas* ; chez Garnéry, libraire, rue Serpente. (Note nouvelle.)

possessions fit augmenter le nombre des esclaves. Bientôt l'Européen, pour assouvir la faim du ver rongeur de l'avarice, ne pensa plus qu'à faire de ses semblables des bêtes de sommes ; bientôt on ne vit plus que des négriers silloner les vastes mers ; bientôt enfin, des négocians, encouragés par d'honteuses primes, ne virent plus de meilleure spéculation que la traite ; et c'est ainsi que pour faire des fortunes immenses à quelques Colons, à quelques commerçans, on se disputa et on se dispute encore à qui mieux fera le criminel trafic de l'homme.

La discorde étant excitée dans les malheu-reuses contrées d'Afrique par le luxe, et soutenue par la cruauté, on vit des propriétaires combiner des querelles réciproques et se faire tour-à-tour condamner à ces amendes qui ne se payaient qu'en esclaves nés.

Cette corruption s'étant glissée dans le cœur des princes noirs, les guerres devinrent fré-quentes, et une multitude de vaincus fut une multitude d'esclaves. Alors toutes les peines des criminels se commuèrent en esclavage : les créanciers trouvèrent leur acquis dans l'escla-vage de leurs débiteurs ; l'oubli du lien con-jugal fut puni par l'esclavage ; celui qui attentait à la propriété , comme à la vie des citoyens , subit les peines de l'esclavage ; on inventa des crimes pour augmenter le nombre des esclaves ; c'est ainsi que les moindres fautes comme les grands crimes vinrent s'expier dans le vaste gouffre de l'esclavage.

Vainement voulut-on échapper à la tyrannie, en se réléguant dans l'intérieur des terres , le démon de la cupidité y fit pénétrer l'Européen. Guidé par les courtiers du luxe , il se fit jour par - tout , jusques dans les antres les plus profonds.

Les plus forts , séduits par l'appas du gain , asservirent les plus faibles ; tous les traités furent oubliés ; la justice ne fut plus consultée ; c'est ainsi que l'avarice , foulant aux pied la touchante humanité , fit sortir des passions sans nombre du sein des Africains , après les avoir fait enivrer dans la coupe de la vanité.

Ces passions sans frein , commandant impérativement : on a vu des malheureux qui , après avoir perdu au jeu tout ce qu'ils avaient, et entraînés par un torrent qu'ils ne pouvaient éviter , aliéner la liberté de leurs femmes , celle de leurs enfans et la leur propre. Les potentats, encore plus esclaves de leurs passions que les peuples , se déclarèrent exprès la guerre pour se procurer des hommes : guerres si sanglantes que pour se procurer 5oo esclaves il faut en détruire plus de mille. Leur aveuglement fut poussé si loin qu'ils firent des incursions chez leurs propres sujets ; et à l'aide du feu , de la violence ils se procurèrent des esclaves.

Ces exemples pernicieux furent suivis par de simples particuliers. On vit le riche séduire le pauvre ; le rusé surprendre le stupide ; le fort se jetter sur le faible. On ne trouvoit sur les chemins que des brigands qui enlevoient indistinctement hommes , femmes et enfans , en un mot les méchans faisoient main-basse sur tout ce qu'ils rencontroient. Et afin d'étouffer les cris de la nature violentée, on mettoit des bâillons aux victimes et on les envoloppoit dans des sacs. Les Européens ex-mêmes vont à la découverte des nègres ; rencontrés par troupeaux ils tomboient sous le tranchant du sabre ou du plomb meurtrier. En un mot c'est par les horreurs de la persécution qu'on a augmenté le nombre des esclaves.

Cet odieux commerce étant répandu dans ces malheureuses contrées , on y voit l'industrie ajouter de nouveaux moyens pour nour rir la cupidité des Européens. On nourrit dans des magasins de nombreuses générations, et aussi-tôt que les enfans sont on peu grands on les arrache du sein maternel pour les vendre.

L'intrigue se montre dans ce pays de plusieurs manières. On y voit des hommes s'associer, former des caravannes et ramasser çà et là de malheureuses victimes, à qui on passe la tête dans une longue et pesante fourche, ou le poignet dans une lourde pièce de bois ; et les bras liés on les conduit comme des troupeaux de bêtes à travers des déserts arides, on les livre ensuite à d'autres courtiers qui les jettent pieds et poings liés, comme des veaux, dans des chaloupes, et ceux-ci vont les vendre à un capitaine qui, sans pitié, les enchaîne de deux en deux et les accumule (1) dans son vaisseau, où ils sont suffoqués par la puanteur et par la chaleur. Un élément funeste, une mauvaise nourriture et des maladies viennent augmenter le désespoir. Quelques-uns se laissent mourir d'inanition ou se détruisent par le fer s'ils le peuvent ; d'autres se révoltent,

---

(1) En France on met un nègre par un espace de tonneau, et enAngleterre cinq par un epace de trois tonneaux.

on les met à la torture et ils deviennent la pâture des poissons. Ceux qui échappent à une mort forcée ou volontaire arrivent à plaines voiles en Amérique pour y recevoir les chaînes d'un esclavage perpétuel.

L'intérêt, écartant la pudeur, on examine en détail ces malheureux, non comme des êtres à qui on veut faire du bien, mais comme des animaux dont on espère retirer un grand lucre. Si dans la vente il s'en trouve qui soient unis par les liens les plus sacrés, on les sépare cruellement, sans aucun égard pour leur douleur, leurs larmes. Arrivés à leur destination on leur pose le sceau ineffaçable de l'esclavage, et un fer brûlant est le crayon dont se sert une main sacrilége pour tracer sur le corps de l'homme *esclave* le nom de l'homme *maître*.

Destinés au travail, soit à la culture des terres, soit à faire le service domestique, ils sont plus ou moins maltraités, suivant l'intelligence des sujets ; suivant la dureté des maîtres, des économes, des commandeurs ; suivant le caprice des femmes, des enfans ; suivant des loix plus ou moins sages, plus ou moins exécutées. Une case étroite, sans commodités est la demeure de ces cultivateurs. Quelques planches élevées pour se garantir de l'humidité est un repos de luxe pour un malheureux qui souvent couche à terre sur quelques nattes , enveloppés d'une couverture déchirée. De la cassave , des bananes , des pommes de terre , du maïs , des pois , et quelquesfois du riz , de vieilles farines pour biscuit est leur nourriture ordinaire. Mal nourris ils volent ; excédès de travail ils décampent : toutes ces fautes sont rachetées par des coups redoublés. Plus les maîtres sont injustes, durs , capricieux , féroces, plus les esclaves sont voleurs , paresseux , fuyards , entêtés et cruels : quelques faits isolés ne détruisent point cette vérité générale.

Quel tableau que celui des colonies ! Voir des êtres ambulans, la plûpart nuds ou couverts de haillons , plusieurs chargés de fers. De toutes parts entendre des cris , des hurlemens qui déchirent l'ame ; le cœur est affligé de mille manière : là , c'est une négresse qui en donnant à têter un sang âcre , échauffé , arrose de ses larmes le gage précieux de son amour ; ici c'en est une autre , qui trop tyrannisée , craint de donner le jour à un être sensible et arrête la nature dans son ouvrage. Plus loin c'est un nègre qui expire sous les coups de fouet redoublés , tandis qu'ailleurs on fend l'oreille à son semblable , ou on lui coupe un nerf pour l'empêcher de fuir , et s'il fuit il est atteint du plomb meurtrier.

C'est ainsi . que passant de cruautés à de cruautés plus grandes encore , le cœur des colons s'endurcit , et devenant des barbares ils rendent déplorable la situation de leurs esclaves , les désolent, et à force de scélératesses parviennent à en faire des scélérats eux-mêmes. Aussi voit-on souvent des nègres tyrannisés , méditer en silence les moyens d'assouvir leur vengeance. Tantôt ils empoisonnent leur maître , tantôt leurs propres camarades , tantôt les bestiaux ; aussi a-t-on vu des atteliers entiers périr en peu de tems ; quelquefois le désespoir les porte à se détruire eux-mêmes. Telle est la marche graduelle des attrocités ; l'alternative d'un nègre est de souffrir perpétuellement ou de devenir criminel. Cruelle destinée que celle d'un esclave !

Le code noir et toutes les différentes ordonnances relatives aux esclaves, n'ont été que de faibles barrières à la tyrannie des maîtres. S'ils ne font plus appliquer la question ils les assomment de coups ; s'ils ne font plus donner

que

que 25 coups de fouets, ils récidivent le lende-
main ; non-seulement ils éludent la loi, ils la
transgressent : exceder de travail ou de coups
l'esclave, est, pour un maître cruel, l'*ultimum
bonum*.

Le colon irréfléchi est tellement persuadé
qu'il ne peut y avoir de puissance mediatrice
entre le maître et l'esclave qu'il ne cesse de le
dire. Quelques administrateurs, plus occupés
à faire fortune qu'à alléger le sort de ces malheureux, adoptent facilement ces principes
en arrivant dans les colonies ; ils s'habituent
à un régime despotique, dont ils sont les premiers agens, et reviennent en Europe perpétuer des erreurs qu'ils croient nécessaires à la
conservation et à l'amélioration de leurs propriétés ; et voilà pourquoi les gouvernemens
sont restés dans une coupable indifférence.

Ces erreurs sont si funestes, qu'on entend
dire à des personnes qui n'ont jamais vu les
colonies, qu'il serait dangereux que le maître
n'eût pas une entière puissance sur son esclave ; qu'il n'y a aucun inconvenient parce
qu'il est intéressé à le conserver comme sa
propriété. Eh ! n'est-on pas intéresse à conserver son cheval ? Ne l'est-on pas à

conserver sa santé ? La passion raisonne-t-elle donc ? Le présent est tout pour celui qui veut jouir , tel est le colon envers l'esclave : il veut faire fortune promptement et ne consulte point la force des instrumens sur lesquels il fonde ses espérances.

J'ai le cœur navré toutes les fois que je songe aux attrocités que l'on commet dans les colonies , et dont je ne donne qu'un très-faible apperçu. Heureusement que des traits de justice et de bienfaisance viennent adoucir des idées aussi tristes. Oui , sous un ciel brûlant, où l'on est habitué à régner en despote , à exiger en tyran , on y voit des maîtres qui ne se font obéir qu'en pères.

Chez de pareils colons , que la multitude vorace traite de *gâte-nègres* , l'esclave y reçoit des soins. La femme y est ménagée dans sa grossesse , secourue dans ses maladies ; ses enfans sont élevés avec bonté. La tâche de l'homme étant modérée , il ne s'épuise pas le corps. En fertilisant les vastes champs de son bon maître , il donne à ses camarades l'exemple de sa joie , et les cris d'allégresse rétentissent de toutes parts. Sa journée finie il retourne à sa case , aide sa femme à préparer le

souper , et en fumant sa pipe il reçoit les tendres caresses de ses enfans. Des mets simples,
un appétit modéré lui font faire un repas pai-
sible. L'heure du repos arrive et il se couche
en se recommandant à la bonté Divine. Les
soucis ne venant point troubler un doux sommeil , il passe la nuit tranquillement à côté de
sa fidèle compagne. Les forces réparées, il dé-
vance le lever du soleil et il se prépare à un
travail qui ne lui répugne point. Est-il commandé par son maître , il redouble d'activité ;
il est humble, respectueux et coule des jours
heureux même dans le sein de l'esclavage. Eh !
si tous les maîtres étaient humains , tous les
esclaves seraient heureux en dépit du sort.

Jouet de son semblable, le nègre , robuste ,
sensible , jovial et compatissant (1) éprouve

(1) Les colons pour excuser leur tyrannie envers
les nègres , prétendent qu'ils sont inférieurs aux
blancs ; et quelques écrivains , jaloux de faire briller
leur esprit aux dépens de la vérité et de l'humanité ,
ou assez bas et assez lâches, pour flatter le préjugé
orgueilleux des blancs , ont prétendu que les nègres
étaient d'une espèce différente de celle des blancs ; il
en est même qui ont imaginé que le nègre n'était
qu'une nuance de la bête à l'homme. Certes , voilà un

des variations dans son état déplorable. Victime de l'avarice de l'industrieux Hollandais,

système cruel, bien irréfléchi, système qui est la satyre la plus caractérisée de l'espèce humaine.

L'intérieur comme l'extérieur de l'Africain, sont semblables à l'intérieur et à l'extérieur de l'Européen : même conformation, mêmes formes, même souplesse, même élégance, mêmes organes, même activité et sur-tout même sensibilité. Il ne diffère que par des traits caractéristiques de race, et sur-tout par l'épiderme et les cheveux : la chaleur du climat qui l'a vu naître ; une continuité de générations sous un ciel brûlant, sont les principales causes de cette différence. Les nuances du noir au blanc que l'on trouve à tous les peuples, sous les différentes régions, opèrent la preuve, la conviction de mon système qui n'est que celui de la vérité (j'établis cette vérité dans l'histoire et la civilisation des sauvages, ouvrage qui sortira bientôt de la presse). Semblable au blanc, l'homme noir diffère suivant le climat et les circonstances ou il se trouve placé. Tandis que le nègre du Congo est adroit et facile à conduire, qu'il est très-intelligent ; celui des bords du Niger, insouciant, à moins d'aptitude à la culture. L'esprit, l'émulation et la gaieté caractérisent les corps robustes de la Côte-d'Or. Si les nègres créoles d'Amérique sont en général d'une meilleure santé et ont plus d'intelligence que les Bossales, c'est parce qu'ils se trouvent sur leur sol natal, et que des l'enfance ils sont portés au

(21)

du luxe du pétulant Français , traité avec mépris par le fier et ingénieux Anglais , il passe
une vie moins dure , moins humiliante avec
l'indolent et grave Espagnol , et il vit avec plus
de justice , plus d'égalité avec l'actif et voluptueux Portugais. Mais il est une terre où vrai-
ment il est heureux , là il est homme ; il ap-
partenait sans doute à l'humanité d'aller siéger
dans le pays de la liberté. Plus raisonnables et

travail , tandis qu'en Nigritie les peuples ne sont
occupés qu'à pourvoir à leur subsistance.

De la proportion dans les membres ; des dents
dont l'éclat de la blancheur est relevé par un beau
noir ; des traits d'innocence caractérisent la beauté
des femmes. Un regard timide ; une contenance vo-
luptueuse ; un langage doucereux ; de la compassion,
des gestes touchans sont les garans d'un attachement
inviolable.

Dans l'un comme dans l'autre sexe , on y trouve
de l'activité, de l'intelligence, de l'affection, de l attachement , de la reconnoissance , lorsqu'on a des
bontés pour eux , et qu'un régime oppressif n'altère
pas leurs organes, n'émousse pas leur sensibilité, n'é-
touffe pas leurs sentimens, n'éteint pas leurs affec-
tions. Voilà des vérités qui ont échappé aux regards
de ces savans , imbus de préjugés et dont l'esprit est
encrouté par l'habitude cruelle de voir le nègre rangé
au rang des brutes.

plus humains que les autres peuples , beaucoup d'Anglo-Américains , font de leurs esclaves les compagnons de leurs travaux et de leur table ; ils les vétissent , les instruisent et les traîtent en frères. Là on permet l'essort à leur âme d'où réjaillit les étincelles d'un esprit à qui il ne manque que d'être cultivé. Q'arrive-t-il de ces bons procédés , que le maître est servi promptement et avec affection. Comment effectivement concevoir que la cruauté fasse naître l'amitié ? Eh ! combien il est doux de se faire des amis dans ceux qui dépendent de nous!

Il est certain que tous les colons qui traîtent avec bonté , avec justice leurs nègres , prospèrent quelquefois même au-delà de leurs espérances , tandis que les tyrans , qui veulent courrir rapidement à la fortune , se ruinent ; divers exemples en fournissent la preuve. Il seroit donc de l'intérêt des colons de changer de régime, d'adoucir le sort de leurs esclaves , en attendant qu'ils puissent s'acheminer graduellement à la liberté , sur ce point les colons imbus de préjugés sont indomptables , ils ne cessent de dire que les nègres sont des *animaux qu'on doit toujours châtier pour en retirer du service* : quel cruel langage ; on excède de coups un être sensible, et on veut étouffer ses plaintes ; on le tient plongé dans une crasse ignorance, et on veut qu'il soit instruit.

J'ai étudié le caractère du nègre, et je prédis qu'avec de sages réglemens on en tirera un grand avantage. Que lui manque-t-il pour le rendre à la société ? N'a-t-il pas de l'intelligence comme l'homme blanc ? N'avilissons point ces hommes. Lorsqu'ils auront vu qu'on s'occupe d'améliorer leur sort, et qu'on veut les préparer à secouer des chaînes qui les humilient, alors on les verra se diriger par des sentimens d'honneur et ils feront sortir des trésors d'une terre qu'ils arroseront de sueur, mêlée des larmes de reconnaissance. L'humanité, comme la nécessité, nous font un devoir impérieux de nous occuper de cette révolution; c'est ce que je vais établir.

CHAPITRE II.

Devoir et nécessité de détruire l'esclavage.

Si nous étions dans un siècle d'ignorance et de barbarie il faudrait, pour savoir si l'homme

doit être libre ; faire une infinité de recher-
ches (1).

Mais aujourd'hui que les connaissances
humaines sont portées à une haute latitude ;
aujourd'hui que la liberté plâne sur de vastes
régions ; aujourd'hui enfin , que les droits de
l'homme sont en évidence , qu'ils sont sacrés,
doit-on penser que l'on éternisera l'esclavage
dans les colonies ? Une pareille proposition
choque toutes nos conventions humaines et
politiques. Ainsi , sous ce point de vue l'esclavage des nègres ne peut plus subsister ; on ne
peut transiger avec ses propres principes , et
*les peuples qui veulent être libres ne doivent point
avoir d'esclaves.*

Ce langage , qui n'est que celui de la raison,
de la justice et de l'humanité , fait jetter les
hauts cris aux colons. Ils disent que les esclaves sont leur propriété , qu'*ils en ont payé la
valeur.* Mais à qui ont-ils payé cette valeur ?
à un marchand ; ce marchand ? à un courtier ,

(1) On a examiné de nos jours si les nègres des-
cendent de *Chanaan*, et si la malédiction de Dieu a
dû tomber sur les enfans de *Japhet.* De pareilles
dissertations sont aussi oiseuses , que ridicules et criminelles.

à un scélérat, à un ravisseur de son semblable ; car le nègre, comme un autre homme,
n'a jamais pu appartenir qu'à lui-même, et
personne n'a dû en disposer sans son consentement ; ainsi ce ravissement n'est point un
acte légitime, et il n'y a de juste, de vrai que
ce qui est légitime. Ainsi, ce qui est nul dans
son principe ne doit produire aucun effet.
Ainsi, tout homme qui a eu le malheur de
perdre sa liberté à le droit de la réclamer. Sous
ce second point de vue l'esclavage des nègres
ne doit plus subsister.

Nous nous indignons avec raison, des
cruautés de nos féroces ancêtres. Nous nous
attendrissons sur les malheurs d'autrui. Nous
allons pleurer au théâtre sur des maux imaginai-
res, et notre cœur sera insensible à l'épou-
vantable destinée des infortunés nègres ! O
comble de l'inconséquence !

Mais comme la passion ne raisonne pas, il
est de mon devoir, autant pour l'intérêt du
maître que pour celui de l'esclave, de parler
un langage, qui sans doute réveillera l'atten-
tention de ces colons endormis dans une
prospérité, dont les fondemens croulent de
toutes parts.

N'est-il pas vrai que dans les colonies les gens libres ne font en général que le dixième de la population ? Oui. — N'est-il pas vrai que de tout tems, ils ont fait des efforts pour briser leurs chaînes à force ouverte ou par le poison ? (1) Oui. — C'est moi qui répond , parce qu'on ne peut contester ces faits.

Les nègres connaissent donc leur droit , leur force. Et aujourd'hui que la tyrannie est pour-suivie jusques dans ses derniers retranchemens. Aujourd'hui que les peuples civilisés prennent l'attitude qui leur convient ; aujourd'hui que vous , colons , avez donnés d'indiscrets exem-ples d'insurrections à vos esclaves ; que vous avez remué dans leur cœur le germe de la li-berté que la nature y a placé , germe qui se développe rapidement , une fois que le vase qui le contient est échauffé ; aujourd'hui qu'ils enten-dent dire à chaque instant que *tous les hommes sont égaux* ; que *la nature ne fait ni maîtres ni es-*

(1) Un des plus grands conspirateurs à St.-Do-miugue a été *Macanda* , à la Louisiane, *St.-Malo.* Toutes les les colonies ont vu dans leur sein des conspirateurs. —— Aujourd'hui on voit à St.-Domin-gue , le *Roi Jean* , et à la Martinique le *général Fayance. Note nouvelle.*

claves ; qu'ils savent qu'une partie de leurs frères ont été rendus libres par les Quakers ; que pouvez-vous attendre de malheureux qui gémissent sous votre oppression ? Croyez - vous que le fouet, le fer, la torture les retiendrons ? Non. Plus vous les traiterez inhumainement, plus vous accélererez leur insurrection ; plus vous les aigrirez contre vous , plus vous aurez à redouter leur colère, leur vengeance. Nos maîtres, diront-ils, s'ils sont à nos yeux des colosses, c'est parce que notre tête est à leurs pieds ; c'est alors que se relevant avec cette juste pensée ils briseront leurs chaînes ; et les foulant aux pieds avec le sentiment de l'indignation, ils crieront d'une commune voix : *Nous sommes libres, parce que nous le voulons.*

O colons, réfléchissez-bien sur la conduite que vous avez à tenir. Sachez que l'esclavage conseille sans cesse la révolte ; que la nature parle un langage bien plus haut que votre intérêt ; elle plâne par-dessus toutes les combinaisons de la lâche politique. Cessez de croire que vos esclaves fléchiront éternellement le genouil devant leurs tyrans. Craignez qu'ils ne vous chargent des chaînes que vous leur faites traîner, ou tout au moins qu'ils abandonnent vos cultures pour ne vivre qu'à leur volonté.

Colons, au nom de votre intérêt, de votre conservation, de celle de votre famille, ouvrez les yeux, je vous en conjure. Admirez et suivez l'exemple de ces hommes justes et bienfaisans, de ces bons Quakers, qui, frappés de la lumière que leur porta l'immortel Benezet, brisèrent les chaînes de leurs esclaves. Déjà la traite est abolie dans neuf cantons des Etats-Unis (1) ; déjà on regarde chez ces Anglo-Américains, l'esclavage incompatible avec la liberté ; déjà les noirs y sont élevés comme les blancs ; déjà une nation éclairée à supprimé la traite pour le Bengale.

Examinez-donc les sociétés respectables qui se sont formées, à Londres, à Philadelphie, à Newyork et à Paris, sociétés dont le but intéressant est de trouver des moyens pour faire cesser un commerce infâme et extirper l'esclavage. Enfin, voyez l'arrêté d'une assemblée générale de négocians et autres citoyens de Manchester, qui ont formé un fond pour effectuer l'abolition de la traite.

(1) Voyez l'excellent mémoire de Brissot de warville, au retour de son voyage de l'Amérique septentrionale.

Mais, dites-mois , si vous vouliez bien vous considérer pour un moment comme des esclaves , tombés dans les mains des brigands algériens , ne seriez-vous pas sensibles , reconnoissans pour les hommes qui viendraient vous sortir de l'abîme des persécutions ? Ne regarderiez-vous pas ceux qui voudraient vous y retenir comme des monstres à face d'hommes ? Ne regarderiez-vous pas comme un acte de la providence , toujours juste , celui par lequel vous seríez tirés de l'esclavage ?

Colons , soyez-donc raisonnables , justes et humains. Veuillez le bien et il s'opérera, même sans blesser vos intérêts : il est plus facile qu'on ne pense , de le faire , quand on se propose sincérement le bonheur des hommes. Songez que *l'esclavage , père des crimes , est la ruine des nations ; et la liberté , mère des vertus , est la boussole d'un bon gouvernement et la gloire des empires.* Pensez enfin , que le commerce infâme par lequel on entretient vos atteliers est ruineux pour les etats , pour le commerçant et pour vous même ; c'est ce que je démontrerai dans le chapitre suivant.

CHAPITRE III.

La traite est plus onéreuse que lucrative. Son remplacement est avantageux, tant pour les colons que pour les commerçans.

LA loi de rendre les négres libres est impérative : à la raison, à la justice, à l'humanité vient se joindre la crainte ; car celui qui fait trembler, doit trembler lui-même.

Mais comme une liberté générale et subite serait dangereuse, qu'elle ferait une commotion terrible ; il est de l'intérêt des maîtres comme de celui des esclaves que cette sublime révolution se fasse par gradation, sans compromettre l'intérêt de personne. Tel est le but que je me propose.

L'abolition de l'esclavage nécessite celle de la traite ; car semblable aux cloaques que l'on veut dessecher, en arrêtant le cours des immondices qui s'y jettent, il faut que le trafic qui entretient l'esclavage soit annéanti.

Je vais établir premièrement que la traite des hommes noirs est plus onéreuse que lucrative.

En second lieu je proposerai le remplacement avantageux de ce commerce infâme.

Dans les premiers tems que les Européens visitèrent les côtes d'Afrique, la diminution de la population fût peu sensible; elle ne l'est devenue qu'à proportion de l'agrandissement des possessions en Amérique; et depuis plus de dix ans il en sort annuellement quatre-vingt à cent-mille; et c'est beaucoup, si dans le cours ordinaire, il en arive les trois-quarts : première perte sensible.

Les Européens commencèrent à s'aprovisionner sur les côtes d'Afrique : on complettait en quinze jours ou un mois une grosse cargaison; et les esclaves, étant de la même contrée, ayant le même langage, se consolaient et avaient moins de terreur qu'actuellement.

Aujourd'hui que l'on amène de deux ou trois cents lieues ces malheureux, ils sont épuisés par les fatigues d'un long voyage. Incertains du sort qu'on leur prépare, obligés de rester enchaînés des cinq à six mois à la vue de leur pays, pour attendre que la cargaison soit complette, voilà assez de causes pour en faire mourir un grand nombre, de chagrin, ou de misère, aussi remarque-t-on qu'un petit navire du port de

200 ou 300 tonneaux perd moins de monde, proportion gardée , qu'un navire de 5 à 600 tonneaux (1) , parce que le séjour du premier est plus court. Il en est de même d'un bâtiment qui marche bien ; restant moins de tems en voyage il est moins sujet aux mortalités.

D'ailleurs il est des parages impraticables à de certaines époques ; on est contrarié par les vents , par des calmes ; on est entraîné par des courans ; l'eau et les vivres manquent ; le scorbut gagne les esclaves ; des maladies de toute espèce se joignent à ces premières causes et la mortalité devieut plus ou moins grande. Si pendant le voyage la petite vérole se communique , on risque beaucoup de perdre presqu'entièrement la cargaison.

Si j'excepte les Portugais , dont le soin est de composer les équipages de négres affranchis , qui rassurent les esclaves , auxquels on laisse, aux deux sexes , la liberté de se voir ; si je les excepte , les autres Européens n'ont pas les

(1) Dans une traversée, j'ai rencontré en mer un négrier qui avait resté plus de six mois à la côte d'Afrique , et le capitaine me dit avoir fait un bon voyage , parce qu'il n'avait perdu que 200 nègres sur 600.

mêmes

thêmes précautions ; aussi arrive-t-il des révoltes dont il résulte des pertes énormes : tout cela dépend beaucoup des capitaines, dont en général la nécessité et l'habitude rendent les caractères plus ou moins durs.

De l'enlèvement journalier des négres il résulte que la source des esclaves s'est considérablement épuisée, ce qui en augmente le prix.

EXEMPLE A SAINT-DOMINGUE :

En 1720 , le mari et la femme ne coutaient que 1320 livres.---En 1775, 3000 livres.

1783	9,370 négres ont coûté	15,650,000 l.
1784	25,025	43,602,000
1785	21,762	43,634,000
1786	27,648	54,420,000
1787	30,830	60,563,000
1788	29,506	61,936,000

De l'augmentation des négres il s'en est suivi celle des denrées.

Exemple.

La livre de café valait à Saint-Domingue en :
1783 . . . . 15 s.
1784 17

Il en a été de même des autres denrées. Qui profite de cette augmentation ? Ce n'est point le Colon, puisqu'il n'augmente ses denrées qu'à raison de la cherté des négres. Ce n'est pas non plus le négociant, puisqu'il augmente les négres à raison du prix qu'il y employe. Ce n'est pas même les courtiers d'Afrique , puisqu'ils ont aujourd'hui beaucoup de peine à se procurer des esclaves , et le prix qu'ils en obtiennent n'est que relatif à la dépense et à la perte du tems qu'ils font. Est-ce enfin l'humanité qui gagne à ce trafic ? ! ! ! !

Qui suporte l'augmentation des denrées? Ce ne sont point les marchands en gros et en détail , puisqu'ils haussent la vente à raison du prix qu'ils mettent a l'achat. En dernière analise ceux qui suportent ce haussement rapide ce sont les particuliers ; c'est sur-tout la classe indigente du peuple, qui n'achete qu'à fur et mesure de son besoin, et bientôt elle sera obligée de se priver de ces douceurs dont l'habitude lui en a fait une nécessité.

Aux pertes des négres arrivées, ou lorsqu'on se les procure, ou dans les voyages, viennent s'en joindre d'autres, non moins considérables, pertes causées par les mauvais traitemens qui les font fuir, les maladies qui les atteignent et particulièrement le pian.

Partant d'après des calculs des résultats, je trouve que pour entretenir à Saint-Domingue cinq cents mille esclaves, fournis par une recrue annuelle d'environ 25 à 3o mille, et par un accroissement de population de cinq mille par an, il s'en perd annuellement trente un mille, seizième environ de cinq cents mille; et j'observe que l'augmentation de la population provient de la majeure partie des créoles, parce que les bossales ne peuplent guère étant transplantes, et parce qu'on ne prend dans les vaisseaux négriers que le huitième des femmes.

Calculant encore la perte immense que l'on fait en Afrique pour se procurer des esclaves; celle qui se fait sur le bord des côtes, dans les voyages; celle qui se fait aux Colonies. Comparant ensuite le nombre des noirs qu'il peut y avoir en Amérique avec le nombre qu'on y a transporté. Ayant égard à la population des sangs mêlés, tant libres qu'esclaves. Je trouve en dernière analise que la perte des Africains, depuis environ trois siècles, se porte en aperçu à environ trente millions, sans y comprendre le nombre prodigieux d'Indiens que les Européens ont fait périr de mille maniéres, et que l'on peut porter hardiment au même nombre de 3o millions (1). Et combien encore il s'est englouti dans le vaste tombeau de l'Amérique de millions d'Européens, autant par incontinence, par des maladies sans nombre, que par l'épuisement des voyages (2)! Voilà ce qu'a coûté à l'humanité les douceurs que nous nous sommes procurés dans le nouveau monde.

L'achat des négres étant augmenté considérablement, et cette valeur augmentant tous les jours, à raison de leur rareté, les Colons ne pourront bientôt plus s'en procurer qu'à un prix énorme, et alors le prix de leurs denrées

(1) On verra ces apperçus sur la population dans l'histoire et la civilisation des sauvages.

(2) L'Espagne est le royaume qui souffre le plus de la dépopulation. Jadis peuplée, florissante, elle est aujourd'hui dans un état de langueur : les émigrations prodigieuses, les légions innombrables qui sont sous la bannière du grand prêtre de Rome sont les causes de la ruine de cet empire.

ne pourra plus atteindre celui de l'achat des esclaves.

D'un autre côté J'observe que les Colons, se reposant sur un crédit qui s'affaiblit tous les jours, viennent en Europe en imposer par un luxe insultant, qui leur procure la facilité de contracter des dettes, dettes si peu proportionnées à leurs revenus qu'ils se trouvent dans l'impossibilité de remplir leurs engagemens; aussi porte-t-on la dette coloniale au commerce de France à 300 millions. Tel est le prestige des fortunes de la plûpart de ces grands propriétaires.

Qu'elle est la nature de cette dette? Elle consiste la majeure partie, dans l'achat des négres. Ces Colons qui ne comptent pour rien le sang, la mort de leurs esclaves les forcent à leur procurer des trésors qu'ils viennent dissiper en Europe. Leur attellier ruiné, ils les renouvellent avec du crédit et jouissent encore; et il arrive enfin, qu'ils ne peuvent plus faire face à leurs affaires. Que de millionaires Américains sont morts insolvables! Combien y en a t-il aujourd'hui qui seraient fort embarrasés de payer leurs dettes! Cette vérité se vérifie plus facilement dans les Colonies Anglaises, où la plûpart des débiteurs sont emprisonnés, parce que leurs biens ne suffisent pas pour remplir leurs engagemens (1). Il n'en est pas de même dans les Colonies Françaises ; là , les grands propriétaires y étant privilégiés , la justice n'a pas le cours qu'elle doit y avoir. C'est ainsi que les Colons de mauvaise foi exposent leurs créanciers ; de-là les banqueroutes des négocians, banqueroutes qui rejaillissent sur une infinité de particuliers , ce qui engourdit le commerce et fait perdre la confiance.

A l'égard de la traite , on peut la comparer à la loterie, puisque les négocians sont sujets à perdre des cargaisons entières , ou à ne vendre que pour remplir leurs frais. Deux causes concourent à enrichir ceux qui ont le bonheur d'éviter les écueils auxquels ils sont sujets. 1°. La modicité des marchandises qu'ils donnent pour l'achat des négres. 2°. Le profit considérable qu'ils font dans la vente des négres à longs termes.

Indépendament de ces grains , qui ne suffisent pas pour récupérer des frais énormes causés par

____

(1) Voyez l'excellent livre de *Clarkson* , traduit en Francais , ouvrage qui contient des faits , des résultats essentiels.

la lenteur du voyage , il est pour le négociant, un appas qui lui fait tout hazarder , appas qui consiste dans les primes à raison de 200 livres par chaque tête de noir , et dans les gratifications qu'ils obtiennent du gouvernement français.

Ces encouragemens sont très-onéreux à l'état, puisque depuis 1784 , jusqu'en 1788 , les sommes que les négocians ont reçues se montent à neuf millions 360 mille 564 livres. Il y a plus , on prétend que quelques armateurs français cèdent leur privilége aux Anglais, en retenant une portion des bénéfices. Dans tous les cas, il est certain que les Anglais, nous procurent le tiers environ de nos esclaves (1) , par conséquent ils enlèvent annuellement à la nation vingt millions , tiers des 75 à 80 millions que les Colons français employent pour l'achat de leurs négres.

Enfin, un motif bien puissant contre la traite, c'est la perte des matelots qu'occasionnent ces voyages. Obligés de respirer continuellement un air fort qui s'exhale de tous ces corps

____

(1) La Jamaïque est le grand entrepôt d'Amérique, d'un commerce dont nous aurons à rougir long-tems.

noir, dont la plûpart sont malades; sujets au scorbut, à la fièvre, à la dissenterie; continuellement occupés à surveiller des hommes qui guètent la moindre circonstance pour briser leurs fers et massacrer ceux qui les enchaînent; voyageant, ou séjournant dans des pays chauds, voyages de dix-huit mois ordinairemeut; n'ayant pas de nourritures fraiches suculentes; assouvissant avec brutalité une luxure, irritée par le climat et l'abstinence sur des créatures qu'ils considèrent comme des animaux, en un mot sujets à une infininité d'accidents, on ne doit pas s'étonner s'il périt beaucoup plus de matelots que dans les autres voyages.

Parlez à des capitaines de bonne foi, ils vous diront qu'un voyage de traite est plus dangereux que deux et trois des Indes. Ouvrez les registres où l'on inscrit les matelots partants et arrivants; interrogez les curés des villages maritimes; visitez les hôpitaux, et vous vous convaincrez que dans ces voyages, où à leur suite il périt environ un huitième de tous ceux qui s'embarquent, perte qui n'est en France que de moitié de celle des Anglais, dont le service est plus pénible, indépendamment de ce qu'ils sont maltraités par le capitaine.

Actuellement, calculez sur un apperçu de 500 bâtimens Européens à vingt cinq personnes l'un dans l'autre, et vous trouverez une perte annuelle de 625 personnes en réduisant la perte au huitième sans y comprendre les pertes extraordinaires, comme naufrage, révolte, incendie etc. Ne supposez que 500 personnes par an, dans l'espace de 280 ans, et vous trouverez une perte de blancs de 140,000 non compris la génération qui en serait suivie.

Tous les matelots employés à la traite, sont autant de bras perdus pour l'agriculture : habitués à ne faire qu'une simple manœuvre, ils deviennent paresseux, libertins et cruels.

Si la traite n'entrenait pas des horreurs sans nombre, tout le crime se bornerait à transplanter des hommes d'Afrique en Amérique, et ce serait diminuer la population d'un pays pour augmenter celle d'un autre. Mais quand on songe à toutes les attrocités qui se commettent ; à la perte immense d'hommes ; à la violation des droits de l'homme et des nations ; à la corruption des mœurs. Quand on consulte la ruine des colons ; celle des commerçans ; l'augmentation considérable des denrées pour les Européens ; les sommes immenses et les hommes qu'il en coûte aux gouvernemens ; quand sous tous ces points de vue la traite est pernicieuse, ruineuse, anti-sociale, effroyable, peut-on penser à continuer ce commerce infâme, la honte des hommes, et des nations ? Non, on ne peut plus se familiariser avec cette idée.

La traite, dit-on, *peut cesser par l'épuisement des côtes d'Afrique, par le déplacement et la destruction des peuples qui y fournissent*, qu'elle cruelle logique ! Eh ! mortels, vous n'êtes pas aussi éloignés de ce but que vous le pensez. Mais les gouvernemens, en pères sages et humains préviendront, je l'espère, ce désastre terrible pour l'Afrique et honteux pour l'Europe, sur-tout quand, à l'humanité, se joint l'intérêt et qu'il est possible de remplacer avantageusement la traite. C'est ce que je vais établir.

Jusqu'aprésent on n'a fait consister la richesse du commerce en Afrique que dans des cargaisons d'hommes, achetés avec des marchandises de peu de valeur, telles que sabres, fusils, couteaux, ciseaux, veroterie, eau-de-vie, objets presque tous ou de luxe ou pernicieux. Mais ne serait-il pas juste, intéressant, de laisser en Afrique les hommes que la divinité y a placés, et leur apprendre à cultiver une terre dont ils feraient sortir des trésors ?

On sait que ce pays produit du riz excellent, de la cire, des gommes, du bois rouge propre à la teinture, des palmiers qui donnent une bonne huile, du poivre, de l'ambre gris et autres épices précieuses ; le tabac, l'indigo, la canne à sucre, le café y viennent merveilleusement ; on s'y procure aussi de l'ivoire, enfin on y trouve de l'or et d'autres métaux, etc.

Voilà des objets qui méritent sans doute la plus grande attention des gouvernemens ; et lorsque des gens à talens auront examiné l'intérieur de ce pays, il y a tout à espérer que l'on fera des découvertes très-avantageuses au commerce.

Au lieu d'entretenir des comptoirs funestes à l'espèce humaine, on y enverra des cultivateurs pauvres, mais sages et industrieux à qui on fera des concessions que l'on obtiendra des naturels avec des marchandises. On y enverra des personnes éclairées et humaines pour instruire les indigènes. Sensibles à la bonté ou

plutôt à la justice des Européens , les Africains sortiront de leur léthargie. Ayant pour
précepteurs de bons cultivateurs , on parvien-
dra à en faire un peuple agricole ; une noble
émulation fera redoubler d'activité , et bientôt
il se fera des échanges favorables aux deux
peuples.

Les unions , loin d'être déchirées , seront
protégées et l'augmentation de leur propagation deviendra la mesure des richesses des
Européens. Ces richesses nous seront plus
avantageuses , plus certaines que celles que
nous tirons de la traite ; car quelle sûreté peut-
on avoir dans une propriété qui à chaque instant
peut échapper des mains?

En abandonnant la traite on n'aura plus à
craindre des rivalités , qui fesaient augmenter
considérablement les nègres ; on n'aura plus
à craindre des mortalités , des fuites , des em-
poisonnemens , des incendies , des révoltes et
une infinité d'accidens qu'entraînent la traite.

Les voyages seront moins dispendieux parce
qu'ils seront moins longs , et parce qu'il faut
beaucoup plus de monde pour contenir des
esclaves que pour une simple manœuvre et
enfin ce serait une grande économie d'hommes
blancs.

D'un autre côté le commerce des épiceries anéantirait celui des Hollandais , et nous n'aurions plus à payer de double assurance , de double commission et de triple frais.

A mesure que les établissemens Africains prendraient de l'extension par la propagation de leur espèce , par celle des Européens émigrés , par le mélange des races , les marchandises de France , d'Angleterre auraient des débouchés bien plus grands qu'aujourd'hui , et la raison en est sensible ; car pendant que nous détruisons l'espèce humaine , nous enlevons les ressources de la consommation de nos fabriques. *Et vice versa* à proportion de la propagation des hommes il y aura augmentation de besoins. Il ne s'agit donc que de s'occuper à civiliser les Africains ; à leur faire goûter le travail ; à leur apprendre à cultiver des terres fertiles ; à leur faire élever des bestiaux. Au lieu d'accorder des primes , des gratifications pour favoriser un commerce sacrilége , les gouvernemens employeront ces mêmes sommes à former , consolider des établissemens , qui deviendront de la plus grande importance pour le commerce.

Voilà le remplacement que je propose , et

je crois que le continent de l'Afrique offre de grandes ressources. D'ailleurs, il est une île grande et fertile qui ne demande que des bras, c'est Madagascar. Là on pourroit y former des établissemens fort avantageux, en faisant des échanges de marchandises avec la terre des Indigènes, ce qui opérerait un commerce équitable et favorable aux deux peuples. Dans tous les cas l'Amérique nous offre encore plus de terre que nous n'en pouvons cultiver, sur-tout si l'on obligeoit les colons à ne jouir que des terres qu'ils peuvent faire valoir : en Amérique comme En Europe les grandes propriétés sont nuisibles à la société; les gouvernemens doivent faire attention à cette vérité politique.

Les partisans de la traite opposent un inconvénient à son abolition. Que fera-t-on, disent-ils, des bâtimens négriers? Je réponds que la construction de ces bâtimens n'empêchera pas qu'on les fasse servir à un autre commerce ; que s'il en coute des frais, les armateurs peuvent être indemnisés par le gouvernement, sans que l'état fasse un sacrifice, et je prends pour exemple la France.

Supposons dans cet empire quatre-vingt

vaisseaux négriers , à raison de cent mille livres chacun l'un dans l'autre , ce qui fait huit milllions ; que l'on rembourse aux armateurs la moitié de cette valeur , ils seront récupérés de leurs frais dans moins de deux ans , sur les 2,400,000 livres qu'il en coute annuellement à l'état pour favoriser la traite ; dès lors en cessant ces gratifications ce sera un bénéfice pour l'état, indépendamment des 25 à 26 millions qui passent en Angleterre pour l'achat du tiers des négres en consommation dans nos Colonies.

Il reste à examiner si par l'abolition de la traite les Colons se trouveront lézés , j'espère demontrer que le Colon y trouvera de l'avantage. Pour mieux frapper les yeux du lecteur je joins ici un tableau d'un Colon qui continue la traite , et je le mets en parallele avec celui qui recrute des esclaves sur son attellier (A).

Par ce tableau on voit que tout l'avantage est en faveur de celui qui, ayant abandonné la traite, recrutera des cultivateurs sur son attellier. Si on objecte qu'il faut , pendant les quinze premières années , se réduire à un revenu moindre que celui qui continue la traite , je répondrai que ceux qui renouvellent leur attelier souvent sont ceux qui veulent faire fortune bien vite pour venir se fixer en Europe, ou bien des Colons qui y viennent dissiper leurs revenus en peu d'années et s'en retourner ensuite sur leur habitation pour y économiser. Eh bien que les premiers séjournent quelques années de plus sur la terre qui les enrichit et que les seconds s'abstiennent de venir en Europe dissiper leurs revenus, ruiner leur santé et compromettre la fortune de leurs créanciers. Je leur dirai que la privation précaire de quelques jouissances tournera en faveur de leurs enfans, qui se trouveront par la sage conduite des pères avec une fortune de moitié et des trois quarts en sus de celle qu'on leur laisse. Il ne dépend donc qu'aux Colons de tenir un régime sage et prospère (1).

On peut donc avec avantage se passer de la traite, on peut encore se procurer, comme on l'a fait à la Jamaïque l'usage de la charue, qui seule remplace une vingtaine

(1) J'ai connu des Acadiens, pauvres en arrivant dans les colonies, et qui par leur travail personnel, leur économie, se sont procurés quelques nègres dont ils ont eu soin, la génération desquels leur a procuré des atteliers de 25 à 30 individus. Voilà le fruit de l'humanité.

de négres ; il est facile de leur apprendre à labourer.

L'intérêt des Colons, comme je l'ai prouvé, est de renoncer à la traite ; cet intérêt devient encore plus puissant s'ils font attention que la traite étant cessée les négres doivent sur le champ augmenter de moitié ; car c'est la rareté d'un objet qui en fait la valeur. Ainsi tel Colon qui se trouve avoir pour 400,000 livres de négres voit augmenter naturellement sa fortune soit de moitié soit d'un tiers ; et le besoin , l'intérêt de conserver, d'avoir soin de ses négres lui assûre par cela seul sa fortune , la rehausse , dissipe toutes ses craintes et tous les dangers qu'il a à courir en continuant d'acheter des hommes, qui souvent meurent tous en peu d'années.

Je crois avoir démontré que les gouverne-mens, les Colons, les négocians, les esclaves tout gagne à l abolition de la traite, à ce commerce infâme qui fait gémir l'humanité. La traite cessée il en suit naturellement que les négres seront conduits avec plus de douceur et de justice.

Cependant comme l'esclavage anéantit entièrement les facultés de l'âme et du corps qu'il dégrade l'espèce humaine, il est intéressant et juste que l'on restitue aux négres leur liberté.

Mais comme d'une part il faut que le maître soit remboursé de la valeur de son esclave et que de l'autre il faut prévenir les dangereux effets qui pourraient résulter d'un affranchissement subit, je vais proposer des moyens qui me paraissent réunir des avantages autant pour les maîtres que pour les esclaves.

CHAPITRE IV.

Affranchissement graduel des esclaves, et les avantages qu'il en résultera pour les Colons, pour les commerçans, pour les esclaves, pour les gouvernemens et pour l'humanité.

J'AI déja prouvé que l'esclavage était un gouffre pour l'espèce humaine, et qu'il ne pouvait subsister, à moins d'être exposé à des insurrections fatales de la part des esclaves. J'ai également prouvé qu'il était avantageux à tous égards d'abolir la traite. Actuellement je vais établir que les Colons trouveront un avantage réel à faire cultiver leurs terres, à se faire servir par des hommes libres plutôt que par des esclaves. Pour le faire avec plus de succès j'ai formé un tableau frappant qui met à l'évidence cette vérité pour le planteur (B).

A l'égard des marchands et autres personnes qui n'ont point d'habitations, il leur est également avantageux de n'avoir point d'esclaves.

La traite une fois cessée , les negres, comme je l'ai déja observé seront achetés à des prix énormes, alors le service qu'obtiendront les maîtres n'équivaudra pas souvent le bénéfice qu'ils pourraient tirer de leur argent placé différemment qu'en achat d'esclaves.

Par exemple je supose qu'un marchand ait à son service quatre esclaves dont le prix, la traite cessée, serait de 15 à 20,000 livres. Certainement que la valeur de leur service ne pourrait être portée qu'à 1600 ou 2000 liv. tout au plus pour les quatre esclaves. Mais qu'il employe ces 15 à 20,000 livres à l'achat de marchandises, il faira bien peu si dans l'année, le trafic de cet argent ne lui aura pas doublé sa somme, ou tout au moins porté à une moitié en sus de sa mise. Concluons que le service des esclaves n'est pas un profit pour ce marchand.

D 3

D'un autre côté, étant servi par des hommes à gages, il n'a point à craindre la mortalité, le maronage (1), le vol de ses esclaves ; mécontent du service d'un domestique il peut le renvoyer. D'ailleurs il est certain que deux domestiques libres font plus d'ouvrage que quatre domestiques esclaves ; enfin un maître dort avec plus de sécurité parmi des hommes libres, que parmi des esclaves.

Ainsi tout concourt à faire adopter aux colons l'abolition de l'esclavage. A l'égard du nègre, le premier, comme le plus inappréciable bien pour lui est, la liberté.

En second lieu le nègre, travaillant pour son propre compte, aura, dans son lucre, un véhicule puissant qui lui fera redoubler ses efforts. Prenant du goût pour un luxe d'aisance, il augmentera ses travaux qui ameneront l'abondance, et l'abondance la propagation, de manière que la population, au lieu de s'accroître

(1) Au Brésil, malgré de grandes facilités pour l'évasion, il n'y a guère de nègres fugitifs, parce qu'on leur laisse des terres et du tems pour les cultiver, ce qui leur facilite le rachat de leur liberté, au prix fixé par les réglemens, et les maîtres sont obligés de la leur accorder.

d'un cinquième , comme dans l'état actuel , elle augmentera de moitié , et les progressions en seront infinies.

De l'augmentation de population il en naîtra nécessairement la rivalité parmi les cultivateurs , les ouvriers et les domestiques. Ces rivalités tourneront à l'avantage des riches propriétaires ou négocians qui feront leurs affaires avec plus de facilité et moins de dépenses. Alors l'industrie se montrera de mille manières , et chacun prospérera sur un sol qui ne demande que des bras.

De l'augmentation de population , d'aisance et de luxe naîtra de nouveaux besoins ; qui les procurera ? Le commerçant : de là l'augmentation des échanges de marchandises coloniales avec les marchandises européennes ; de là l'augmentation de travail dans nos fabriques d'Europe. Alors ce flux et reflux d'échanges présentera à l'univers un commerce immense qui fera la prospérité des nations.

L'humanité , l'intérêt des gouvernemens , celui des colons , des commerçans ; celui des esclaves, tout concourt à faire desirer l'abolition de l'esclavage. Il ne s'agit plus que d'en indiquer des moyens , tels que les colons ne se trouvent point lézés dans leurs propriétés , et que les esclaves ne soient point exposés à faire un mauvais usage de leur liberté.

Il est certain que la traite une fois cessée , le prix des esclaves doit naturellement augmenter de moitié : premier bénéfice pour le maître , qui augmente d'autant sa fortune.

Que le maître vende, loue, ou fasse travailler son esclave , il est sûr d'être remboursé de sa valeur , par conséquent on n'attentera point à sa propriété ; il ne s'agit uniquement que de fixer le terme où un nègre pourra commencer et finir un travail utile et suffisant pour que son maître se trouve remboursé de sa valeur.

A cet égard , quelques observations ameneront à des résultats qui serviront de mesure convenable pour la justice que l'on doit à un maître dans le remboursement de son esclave.

Le nègre à qui on devra accorder la liberté , sera ou un bon, ou un mauvais sujet. S'il est un bon sujet, qu'il remplisse bien sa tâche, il remboursera nécessairement la valeur du prix de sa personne ; s'il fait plus qu'on ne doit naturellement attendre de lui, c'est-à-dire , qu'il fasse plus d'ouvrage que ne porte sa tâche, ou s'il rend des services signalés à son maître , on doit avoir égard à ses services , et diminuer d'autant son esclavage ; et dans tous les cas le maître , loin d'être lézé sera entièrement remboursé de la valeur de son esclave. Si au contraire l'esclave est un mauvais sujet , qu'il ne remplisse pas son devoir , sans doute qu'il ne pourra , par son travail , dans le tems limité , rembourser à son maître la valeur attachée à sa personne , qui en ce cas est bien moindre que celle d'un bon nègre , mais en le supposant de la même valeur et afin que le maître ne soit point exposé à être lézé , en ce cas un tel sujet aura un esclavage plus long , esclavage qui pourra finir avec lui , suivant les circonstances , de manière que le maître ne soit point puni de la mauvaise volonté de son esclave.

Je crois donc qu'en fixant le tems d'un travail utile et suivi à dix-huit ans, le maître doit se trouver remboursé de la valeur de son nègre, non du prix qu'il en aura donné , mais bien de celui qu'un bon esclave vaudra même après la suppression de la traite ; car en ne portant qu'à 3oo liv. par an le gage qu'on pourrait donner à un domestique libre , prix très-bas pour les colonies , alors le nègre serait porté à une valeur de 54oo liv, valeur bien au-dessus de la moitié en sus que l'on aurait employé à l'achat du nègre.

J'observe encore que pour que le travail d'un nègre soit utile, il doit commencer à l'âge de 18 ans; et de 18 à 36 il est dans toute sa force, par conséquent son travail sera précieux. J'observe enfin, que les nègres, soit bossales, soit créoles et qui se seront bien comportés jusqu'à ce jour, doivent espérer de voir finir leur esclavage, suivant l'âge qu'ils ont, et suivant le tems utile qu'ils auront employé; et à cet égard j'observe que les vieux esclaves sont souvent à charge à leur maître.

Telles sont les observations qui serviront de bases aux réglemens d'affranchissemens que je proposerai, de sorte qu'en suivant la progression de l'âge, celle du tems d'esclavage utile; et ayant égard à la bonne ou mauvaise conduite des esclaves, on pourra leur accorder graduellement la liberté, sans compromettre, mais bien améliorer la propriété des colons. On doit pareillement avoir égard dans l'affranchissement des négresses, à la quantité d'enfans qu'elles auront donné, ce qui doit diminuer d'autant l'affranchissement de ceux-ci.

Ainsi les maîtres n'ont rien à redouter de

l'affranchissement de leurs esclaves , ils doivent donc se prêter de bonne volonté à une opération honorable , salutaire qu'exigent l'humanité , les circonstances et leur propre intérêt.

Ayant prouvé les abus de la traite , ceux de l'esclavage ; ayant proposé les avantages de leur abolition , ceux de leur remplacement , je pense que l'on s'occupera sérieusement du sort des nègres. Mais comme l'esclavage a entraîné une infinité d'abus ; que les injustices se sont multipliées sous un régime oppressif , il est essentiel de jetter un coup-d'œil rapide sur l'administration des colonies et sur les mœurs de leurs habitans ; de prouver la nécessité des réformes et d'en faire appercevoir les avantages ; c'est le sujet du dernier chapitre.

CHAPITRE V.

Apperçu sur les colonies et notament sur ce qui a trait au préjugé ; réformes à faire et les avantages qu'il en résultera.

J'AI déja fait un tableau de l'esclavage dans les colonies ; ce tableau est hideux jusque dans ces plus petites nuances ; et plus il est horrible, et plus il s'approche de la vérité. Le lecteur sensible doit s'en affliger ; mais il doit trouver sa consolation dans l'espoir de voir cesser ces horreurs ; c'est aux gouvernemens qu'il appartient de les faire cesser, et par là ils se racheteront du crime qu'ils ont commis, lorsqu'ils ont autorisé, favorisé les commerçans à faire le trafic abominable des Africains.

L'esclavage en lui-même est un grand mal ; mais il entraîne encore avec lui une infinité d'abus et de crimes qui corrompent les mœurs et anéantissent toutes les vertus sociales.

Indépendemment des monstruosités attachées à l'esclavage, les colonies offrent un spectacle révoltant pour ceux qui ont des mœurs ; la mauvaise foi, la volupté, la cruauté s'y présentent sans cesse sous des formes différentes.

Le préjugé s'y fait sentir aussi de plusieurs manières : préjugé de profession ; préjugé de fortune ; préjugé de naissance et de couleur; celui-ci est le plus fort et le plus répandu. Peu perceptible parmi les Portugais; presque nul chez l'Espagnol, il est fort sensible chez l'Anglais, et il est terrible parmi les Français. Ce préjugé, sur la couleur de l'épiderme et sur l'origine de l'esclavage, et dont les causes ne peuvent être attribuées, d'une part qu'à la nature et de l'autre à la cruauté de nos pères, ce préjugé absurde et injuste paraît prendre sa source dans la jalousie des premières femmes blanches qui passèrent en Amérique. Les femmes de couleur étant, par la fortune, par la conduite préférées aux blanches, sans fortune, sans conduite, cette préférence fit concevoir la haîne qui donnât jour au préjugé. Nourri par les nombreuses alliances des filles de couleur avec les blancs, il prit de nouvelles forces, lorsque les femmes blanches se multiplièrent dans les colonies ; mais en 1768 il fut porté à son comble, et depuis la tyrannie s'est donnée de l'extension aux dépens de la justice ; les lois les plus saintes, les droits les plus sacrés ont été violés.

La classe des gens libres est intéressante. Les hommes, presque tous grands, robustes, intelligents laborieux et même plusieurs avec des lumières, sont, par leur bravoure, leur fermeté les plus fermes ramparts des colonies. Une fierté mêlée d'orgueil les fait comporter avec honneur. Chez les femmes on trouve de l'aménité, de l'activité, et sur-tout de l'humanité ; plusieurs mêmes sont blanches et ont des graces relevées par une éducation soignée. Quand à tous ces titres on y joint des considérations bien puissantes : telles qu'une population en nombre, au moins égale à celle des blancs ; la possession d'un tiers des terres ; celle d'un quart des esclaves et enfin supportant, par les contributions publiques, par le service de police, les plus grandes charges de la société ; considérant encore que les colonies sont le berceau comme le tombeau de cette classe indigene, plus propre à faire fertiliser la terre que les blancs, naturellement portés à finir leurs jours en Europe. Quand, dis-je, on réunit tant de qualités, on ne voit pas pourquoi ces créoles ne partageraient pas les avantages, les faveurs des sociétés qu'ils font fleurir.

Les blancs à préventions et à prétentions, craignent que les gens de couleur, considérés comme citoyens, parviennent à partager avec eux les places. Et pourquoi pas s'ils ont les qualités requises ? D'ailleurs ce ne serait pas nouveau.

L'injustice de ces blancs est colorée du prétexte que si les sangs mêlés s'élevaient à la dignité de citoyen, les esclaves secoueraient leurs chaînes. Ce prétexte est ridicule : car un esclave comme un domestique, plus il voit son maître puissant , plus il le respecte. Il y a plus, l'esclave , voyant l'affranchi l'égal du blanc , aura pour lui ou pour sa postérité ce flateur espoir. Jusques-là il sera retenu dans l'obéissance par l'homme de couleur qui a intérêt de conserver ses propriétés.

Ainsi on ne peut , sous prétexte d'une politique locale , sacrifier une classe d'hommes utile, à l'ambition et à l'orgueil de quelques blancs injustes ; on ne peut arrêter le cours des lois bienfaisantes; on ne peut mutiler , cicatriser la liberté que les gens de couleur tiennent de la nature, et des loix (1) ou de la justice de leurs pères et de leurs maîtres.

Le préjugé qui pèse fortement sur les gens de couleur , réuni à l'esclavage qui abruti les négres , sont des exemples frappans et funestes pour les enfans blancs. Entourés de gens sans cesse occupés à prévenir leurs

______

(1) L'art. IX de la déclaration de 1685 porte : « octroyons aux affranchis les mêmes droits , privi- » léges et immunités, dont jouissent les personnes nés » libres. *Voulons qu'ils méritent une liberté acquise , » et qu'elle produise en eux , tant pour leurs personnes » que pour leurs biens , les mêmes effets que le bonheur » de la liberté naturelle cause à nos sujets »*.

volontés , à essuyer leurs caprices, leur inso-
lence; ces blancs deviennent impérieux , injustes,
libertins, cruels et indépendants et ces vices leur
donnent un caractère insuportable dans les
bonnes sociétés d'Europe : a qui attribuer la
première faute ? Au gonvernement (1).

Pour faire cesser toutes ces diformités morales,
il faut en premier lieu donner aux colonies des
lois sages , leur envoyer des administrateurs
équitables et éclairés ; il faut , à l'exemple des
Espagnols et des Portugais , assurer, aux gens
de couleur , le rang qu'une raison éclairée leur
assigne ; il faut préparer sagement la liberté des
esclaves , précédée de l'abolition de la traite. Il
faut donner aux enfans des mœurs par de bonnes
instructions publiques , en un mot il faut déra-
ciner les préjugés , et faire régner la justice.

(1) C'est avec peine que je donne ce tableau ; mais
la vérité l'exige ; il est nécessaire pour ouvrir les
yeux des Européens , afin de leur faire desirer et
chercher des moyens pour régénérer l'espèce humaine
dans ces contrées lointaines , y assurer la prospérité
des nations Européennes , et le bonheur des colons
judicieux et honnêtes , qui gémissent de voir sans
cesse sous leurs yeux des traîts d'injustices et de
cruautés.

Voilà les principaux moyens qui assureront le bonheur des colons et la prospérité des commerçans.

L'assemblée nationale qui a tracé, avec le doigt de la philosophie, la déclaration des droits de l'homme, donnera sans doute un grand exemple de justice à l'univers entier, lorsqu'elle accordera définitivement, d'une part la qualité de citoyen aux gens de couleur; qu'elle abolira la traite; et qu'elle s'occupera de la liberté des esclaves.

Le premier acte qu'elle doit faire est d'assurer l'état politique des gens de couleur. Cette cause est absolument indépendante de la seconde, on ne peut la confondre ; car quand bien même, et ce qui ne peut se supposer, on éterniserait l'esclavage des nègres, on ne doit pas moins restituer aux hommes de couleur leur droit ; il ne s'agit, en quelque sorte, que de ratifier la loi de 1685, qui leur accorde la qualité de citoyen ; et ce qu'à fait un roi sous un régime arbitraire, les représentans d'un grand peuple doivent le faire sous un gouvernement libre. Retarder plus long-tems ce serait attenter à la déclaration des droits de l'homme, qui servira de base à la constitution française ;

ce serait encourir le mépris et l'indignation des peuples éclairés et des générations futures ; ce serait jetter une pomme de discorde, non-seulement entre les citoyens de couleur et les blancs, mais encore entre les blancs et les blancs ; ce serait opprimer une classe d'hommes qui iraient porter leurs richesses et leur industrie chez des peuples étrangers ; ce serait exposer les colons blancs aux insurrections des nègres, par cela seul qu'ils ne sont retenus que par les gens de couleur ; ce serait enfin, préparer la destruction de nos colonies et l'anéantissement du commerce de France.

Le second acte que l'assemblée doit faire, c'est l'abolition de la traite. La conserver ce serait nourrir perpétuellement l'esclavage ; ce serait favoriser le commerce le plus criminel ; ce serait autoriser la destruction d'une portion du genre-humain ; ce serait se couvrir d'une opprobre ineffaçable ; ce serait laisser à l'assemblée qui doit lui suceéder la gloire de venger l'espèce humaine ; ce serait se faire accuser de n'avoir donné dans la déclaration des droits de l'homme qu'un roman en politique, afin de leurer les peuples.

Le troisième acte que doit faire l'assemblée,

est

est de mettre immédiatement les esclaves sous la protection des loix ; de les délivrer de l'arbitraire des maîtres tyrans ; de declarer l'abolition graduelle des esclaves, préparée par des reglemens coloniaux sanctionnés par elle ; de fixer un terme où l'esclavage sera aboli de droit dans toutes les possessions françaises. Un laps de vingt ans me paraît suffisant, autant pour procurer le remboursement de la valeur des esclaves, que pour préparer ceux-ci à jouir sagement de la liberté. Il faut donc de toute nécessité fixer l'état des malheureux esclaves. Ne rien décider sur leur sort ce serait implicitement perpétuer dans les colonies la tyrannie, y autoriser le vice, le nourrir le propager ; ce serait exposer les colons à des insurrections fatales et désastreuses ; ce serait exposer les nègres à enlever par la force une liberté dont ils ne sauraient jouir avec sagesse ; ce serait enfin s'exposer à perdre à jamais nos colonies.

Voilà tous les maux que je prévois, si l'assemblée constituante n'a pas assez de sagesse, assez d'énergie pour s'élever au-dessus des cris forcenés de ces colons irréfléchis, qui, semblables à des enfans mutins, veulent arracher de leurs parens, le couteau qui bientôt, par

E

leur imprudence , doit leur percer le sein.

Mais nous devons espérer qu'une assemblée, qui renferme autant de vertus que de lumières , portera le dernier coup de massue à la tyrannie coloniale ; assurera le salut des colons et des commerçans , en leur donnant des loix qui, frappées au coin de la justice, de l'humanité et de la politique, assurera à ces sages législateurs la reconnoissance nationale et la bénédiction de tous les peuples.

Alors les colonies se présenteront sous une face plus agréable ; on en verra disparaître les préjugés , les abus et tous les crimes qu'ils entraînent avec eux. Une sage administration remplacera une administration vicieuse , oppressive pour les citoyens et ruineuse pour l'état. Les colons blancs , au lieu de venir dissiper en Europe leur fortune , exposer celle de leurs créanciers , amélioreront , augmenteront leurs propriétés, l'égalité, sous l'égide de la loi, régnant entre tous les citoyens , assurera l'union , source de la prospérité nationale. Les préjugés anéantis , il se formera réciproquement des alliances des blancs avec les sang-mêlés , et le crime de la lubricité de nos pères s'expiera dans des nœuds légitimes et sacrés. Les égards , la considération , le respect n'étant dus qu'au mérite , le mérite seul occupera les places d'administration. Une instruction publique faisant goûter à la jeunesse la vertu , on ne verra de mésalliance que dans le crime. Une population nombreuse s'élevant , s'augmentant , accroîtra les besoins coloniaux ; de là des échanges plus considérables avec les marchandises manufacturées en Europe ; de la l'extension du commerce. La loi étant égale pour tous et le droit de *primogeniture* (1) étant rélégué dans l'histoire , les grandes propriétés se morceleront à mesure de la croissance des familles ; de là un accroissement d'égalité , d'industrie et de richesses. La saisie réelle étant établie , les créanciers ne craindront plus de faire aux colons les avances nécessaires pour accroître leur fortune.

(1) Un écrivain célèbre, tout en s'élevant contre ce droit injuste et impolitique, aurait voulu le faire adopter pour les colonies. Un autre écrivain estimable , M. *Lanthenas* a , sur le droit vexatoire de *primogéniture* , donné d'excellentes vues. Son traité , plein d'érudition , prouve la sagesse de son auteur, dont l'intention louable est de répandre les fruits de la liberté sur le globe entier.

Avec une sage administration , et des colons éclairés sur leurs intérêts , les esclaves, du sort desquels on se sera occupé , ayant de bons exemples devant les yeux, et espérant par leur bonne conduite recouvrer la liberté , feront leur devoir , ce qui assurera la prospérité et la tranquillite de les maîtres. N'ayant plus à redouter le caprice , la colère de ceux-ci , ils ne fuiront plus ; nourris et vêtus ils ne voleront pas ; unis par des nœuds légitimes , le libertinage disparaîtra , et les enfans libres n'auront plus de mauvais exemples. L'espoir de se voir libres leur fera faire des efforts salutaires ; ne craignant plus la servitude pour leur prospérité, les femmes auront la noble émulation d'élever beaucoup d'enfans , qui feront prospérer et augmenter la propriété qu'on leur laissera.

La population prenant graduellement de l'extension , et les ports étant ouverts à toutes les nations , en payant un droit domanial sur les denrées importées et exportées , (1) les

(1) Le commerce de *Curacao* , brillant parce que son port est libre , s'est affaibli dès l'instant que St.-Domingue a ouvert quelques-uns de ses ports. Depuis que l'Espagne a fermé le port de la *Louisiane*, le commerce s'y est affaibli singulièrement, et les habitans y sont dans un état de langueur.

colonies offriront le spectacle intéressant de l'industrie , de l'abondance et du bonheur. Des membres robustes , n'étant plus retenus par des chaînes , agiront avec plus de souplesse , plus d'activité , au lieu de cris douloureux , arrachés par le fouet , on entendra la chanson champêtre , au milieu de la paix et de l'aisance. L'homme n'étant plus dénaturé par la servitude , n'agira plus que par les devoirs qu'on lui aura inspiré dès sa tendre enfance

Pendant que de grands garçons travailleront aux champs avec leur père , que d'autres moins robustes , garderont de nombreux troupeaux , les plus jeunes , aux genoux d'un vieillard , écoutant ses leçons paternelles , essuyeront des larmes délicieuses que lui fera couler la reconnaissance. ,, O mes enfans , leur dira-t-il , j'ai été esclave ; on m'avait abruti dans les chaînes; travaillais - je beaucoup, je n'en avais aucune récompense ; la fatigue ne me permettant plus de me livrer avec ardeur au travail on me mutilait ; je maudissais l'être qui m'avait donné le jour. Mais enfin une époque mémorable pour l'humanité arriva ; des hommes bienfaisans et sensibles au malheur de l'espèce humaine , parvinrent à faire jetter un œil de compassion sur les esclaves et on régla leur sort. Alors, à la lueur d'un rayon d'espoir, je sortis de la stupidité où m'avait plongé la tyrannie. Jaloux de recouvrer ma liberté je redoublai d'efforts, et je parvins avec le tems et le travail à faire briser mes chaînes. Bientôt je vis la lumière ; frappé par la raison je me trouvai heureux, et mon cœur se livra à des épanchemens de joie et de reconnaissance. Libre, j'ai travaillé avec ardeur ; j'ai élevé mes enfans ; ils ont prospéré et vous prospérerez de même. Soyez sages ; élevez votre cœur à Dieu ; obéissez à vos parens ; que le bien d'autrui ne vous tente jamais ; soyez respectueux envers vos supérieurs ; travaillez ; ayez de l'ordre et le ciel vous bénira ,,.

D'un autre côté, la femme laborieuse, veillant aux soins de son ménage, occupera ses filles à des travaux domestiques. On parlera d'établissemens ; on se proposera, pour employer les nouveaux mariés, à obtenir des prix-fait du principal propriétaire. Alors des terres, regardées jusques-là comme stériles, seront défrichées, elles donneront des richesses. Alors les maîtres, les fermiers, tout prospérera. On ne verra plus de petits êtres blancs prendre des leçons de libertinage parmi des esclaves. Ayant l'exemple du bien devant leurs yeux, ils ne seront plus orgueilleux, insolens, cruels. Conduits par la justice et l'humanité, les germes de corruption et de tyrannie seront etouffés ; le lien conjugal sera respecté chez le pauvre, comme chez le riche ; la bonne foi regnera ; le travail, éloignera la misère ; et chacun augmentant son bien être, à raison de son industrie ; la multiplicité de bras actifs donnera une grande extension au commerce, et d'un mutuel échange sortira la prospérité pour les deux mondes. L'aisance ayant remplacé la pauvreté il ne restera plus que le triste souvenir de l'esclavage ; et l'Amérique, siége des vices, deviendra celui de la vertu. Par un régime doux, prospère on verra sortir une grande population dans les colonies ; dès-lors elle se trouveront naturellement à l'abri des invasions des conquérans ; de là une grande diminution de dépenses ; de là la tranquillité pour les états d'Europe. Telle est l'idée heureuse que je conçois, si on adopte la réforme que je propose. Pour mieux en indiquer les moyens je vais tracer quelques principales idées de réglemens, qui, sans doute, exigeront beaucoup d'extension et souffriront plusieurs amendemens. Mais dictés, j'ose dire, par un esprit dégagé de préjugé, de partialité et d'enthousiasme ; conçus avec celui de justice, de modération, je crois que j'ouvrirai les premières voies pour conduire au but intéressant de l'abolition de l'esclavage, sans produire aucune commotion dangereuse ; quatre sortes de réglemens se présentent : la traite, l'administration des colonies, la police des esclaves, et leur affranchissement.

RÉGLEMENS.

Traite.

Ier.

Suppression immédiate de la traite des négres et des primes et des gratifications y attachées (1).

(1) Il serait à desirer que la France et l'Angleterre, d'accord sur ce point, la suppriment en même-tems ; dès-lors les autres puissances seroient forcées d'en faire autant, parce que les négres ayant appris cette salutaire opération se retireroient sur les côtes possédées par ces deux puissances ; ou se relègueroient dans le fond des terres pour échapper aux mains avides et criminelles qui voudraient les jetter dans le gouffre de l'esclavage.

I I.

Remboursement par l'état aux armateurs négriers de la moitié de la valeur des bâtimens employés à la traite.

I I I.

Former des établissemens à Madagascar et dans le continent de l'Afrique ; y envoyer des gens pauvres, mais sages et laborieux, qui feront goûter le travail aux naturels. Encourager les alliances. Employer les primes de la traite à l'encouragement de ces établissemens ; encourager également la culture dans les colonies américaines ; favoriser les échanges des marchandises.

ADMINISTRATION DES COLONIES.

Ier.

Les colonies seront régies par les loix constitutionnelles des états Européens. Les Colons seulement chargés de veiller aux soins de l'intérieur.

I I.

Egalité de droits entre tous les hommes libres, quelque soit leur couleur, leur fortune,

pourvu qu'ils ayent les qualités requises pour
pour être citoyen.

I I I.

Liberté entière de commerce dans les colonies ; ouverture de tous leurs ports ; les
importations et exportations de l'étranger à
l'étranger , assujetties à des taxes domaniales.

I V.

Gratifications de la part du gouvernement
aux pères et mères libres qui auront eu en
légitime mariage huit enfans ou plus.

V.

Etablissement de la saisie réelle dans les
colonies.

ESCLAVES.

Iʳ.

Suppression de tous droits quelconques
perçus par le gouvernement des Colons sur les
esclaves, tant pendant leur esclavage qu'à
leur affranchissement-

I I.

Les esclaves seront mis sous la protection
des loix. Défenses aux maîtres de les châtier,

dégrader , mutiler. Tenus de les dénoncer , quand ils se seront rendus criminels. Si un esclave est condamné à mort, le gouvernement remboursera la valeur qu'on attachera à sa personne à cette époque , à raison du tems d'esclavage qu'il devra avoir. A défaut d'être dénoncé la valeur sera perdue pour le maître , et en ce cas il sera condamné en une forte amande.

I I I.

Le maître , tenu de fournir les alimens et entretien convenable à ses esclaves , tant en santé qu'en maladie : on aura égard au terrein , au tems qu'on laisse à l'esclave pour fournir à ses besoins.

I V.

Les femmes seront soulagées dans leur travail pendant leur grossesse , et recevront des gratifications à chaque accouchement.

V.

Toute esclave qui accouchera d'un enfant de père libre sera tenue de le déclarer au magistrat , afin que l'enfant soit libre , et que le père soit obligé de pourvoir à son éducation et entretien , et à rembourser au maître sa valeur à raison de l'âge auquel on le retirera des mains de la mère.

V I.

Les esclaves de pioche auront, indépendamment du dimanche, un jour par semaine pour cultiver leur terrein ; et leur journée commencera au soleil levant et finira au soleil couchant.

V I I.

Le maître sera tenu de tenir un registre paraphé par le maire, de la naissance, mariage, mort et fuite de ses esclaves, ainsi que de l'âge des bossales et créoles qu'il aura acquis, et du tems de leur service.

V I I I

Appartiendra aux enfans ce que leur père et mère leur laisseront de leur pécule à leur décès. A défaut d'enfans, un esclave sera libre de laisser son pécule à qui il jugera à propos.

I X.

Tout esclave sera libre de changer de maître, en remboursant par le dernier maître au premier la valeur de l'esclave, à raison de son tems d'esclavage à finir , comme sera réglé ci-après.

X.

Tous les enfans nés pendant l'esclavage de leur mère, appartiendront de droit au maître jusqu'à leur rachat , aux modifications ci-après expliquées.

X I.

Suppression du nom honteux d'*esclave*, remplacé par le nom intéressant de *pupille*.

Affranchissemens.

Ier.

Tout esclave qui aura sauvé la vie à son maître, ou à la femme, ou à l'enfant du maître , sera libre dans un an.

I I.

Toute femme qui aura six enfans en état de se passer d'elle sera libre dans un an. En ce cas on lui accordera le dernier de ses enfans. Si elle en a huit on lui en accordera deux. Si elle en a dix , trois. Ces enfans puinés seront libres comme elle.

I I I.

Tout esclave qui pourra rembourser à son

maître sa valeur provenant, soit de son pécule, soit d'un présent qu'on pourrait lui faire, sera libre dans un an. Le prix des affranchissemens sera fixé par des réglemens ; on aura égard à l'âge, à la force, au tems d'esclavage, au sexe des individus.

I V.

Tout esclave qui aura un travail utile de dix-huit ans, (c'est-à-dire que son tems de travail aura dû commencer à dix-huit ans ou plus) sera libre dans deux ans. Ceux qui n'auront qu'un travail de seize ans dans quatre ans ; et ainsi de suite, de manière que le maître se trouve remboursé de la valeur de son esclave.

V.

Tous enfans nés pendant l'esclavage de leur mère, seront libres aussi-tôt qu'ils auront l'âge accompli de 36 ans. A l'égard de ceux nés depuis peu, ou qui naîtront par la suite d'ici à l'époque de vingt ans, terme final de l'esclavage, continueront d'être esclaves jusqu'à cette époque, exceptés ceux reservés à la mère par l'article II.

V I.

Dans les affranchissemens on aura égard aux intérêts du maître, qui aurait acheté d'un autre maître un esclave depuis peu ; et qui par le tems d'affranchissement fixé ci-dessus , ne pourrait se trouver remboursé du prix employé à son esclave. Dans ce cas le tems d'esclavage pourra être prolongé , mais on aura aussi égard à la fâcheuse position de l'esclave.

V I I.

Pendant tout le tems que durera l'esclavage dans les colonies françaises , on diminuera ou augmentera l'esclavage de chaque individu , à raison de sa bonne ou mauvaise conduite.

V I I I.

Tout esclave qui ne voudra pas jouir du bénéfice de la loi sera nourri et soigné pendant sa vieillesse par le maître.

I X.

L'acte de liberté sera célébré religieusement , afin d'inspirer de l'encouragement aux esclaves ; les frais seront supportés par le maître, qui fera un présent à l'affranchi , présent assez considérable pour fournir à ses premiers besoins.

X.

En affranchissant les esclaves , on prendra des mesures , telles que l'intérêt du colon et de l'affranchi l'exigeront , autant pour faire un sort à celui-ci , que pour favoriser la culture du colon. C'est-à-dire qu'on leur laissera leur cabane , leurs ustenciles et un petit terrein. Afin de les attacher à l'habitation, on leur concédera des terres moyenant une redevance , ou ils les fairont valoir à moitié fruits , ou bien ils travailleront à journées.

Observations.

L'augmentation ou la diminution de l'esclavage, à raison de la bonne on mauvaise conduite des esclaves, étant un grand stimulant pour eux , ce stimulant remplacera avantageusement les châtimens cruels qu'exercent les maîtres sur leurs esclaves. Il ne s'agira que de faire des lois de police correctionnelle , police qui pourra être confiée aux quatre anciens d'âge qui auront une conduite irréprochable , et à qui on pourra déférer le nom de *patriarches* afin d'inspirer plus de respect à la jeunesse. Ce sera sur leur rapport que l'on pourra régler l'augmentation ou diminution de l'esclavage des individus.

individus. A l'égard des enfans ils pourront être corrigés par leurs parens. Ce serait aller au-delà de mon but , que d'entrer dans tous les détails qu'exigent ces réglemens.

CONCLUSIONS.

Je crois avoir établi combien il est juste d'accorder aux gens de couleur libres la qualité de citoyen. Je crois avoir démontré la nécessité d'abolir la traite et les avantages qui doivent en résulter. Je crois avoir prouvé que l'abolition de l'esclavage , loin d'être pernicieuse , comme on le dit , sera avantageuse et aux colonies et au commerce d'Europe ; qu'elle ne sera point une torche allumée pour incendier les colonies , mais plutôt un flambeau pour éclairer les colons sur leurs vrais intérêts. Si je me suis trompé dans quelques moyens , je n'en suis pas moins de bonne foi. Quand à mes principes , ils sont aussi invariables que justes : *ne blesser personne , faire le bien de tous* est l'esprit qui m'a dirigé dans cet ouvrage. -- Colons de couleur j'ai écrit pour vous , parce que j'ai pensé que vous méritez , et que vous est dû , l'état politique que vous réclamez.

Hommes noirs , j'ai pris votre défense ,

F

parce que vous étiez opprimés. J'ai indiqué des moyens pour vous restituer les droits que vous tenez de la nature. Dans tout cela je n'ai rempli que mon devoir. Si j'ai quelque reconnaissance à attendre de vous, la seule que je vous demande, et pour vos propres intérêts, c'est que vous ne vous laissiez point égarer au mot de *liberté* ; qu'une frénésie ne vous porte pas à des insurrections aussi dangereuses pour vous que pour vos maîtres. Oui , j'espère que rien de sinistre n'arrivera ; que vous ne me donnerez aucun répentir d'avoir travaillé pour vous ; que nulle amertume ne viendra empoisonner des jours que je coule dans le doux espoir que l'on s'occupera à régénérer l'espèce humaine.

Écoutez-donc, mes chers nègres , un homme qui veut sincèrement votre bien , écoutez-le avec confiance , comme un ami vrai : rassurez vos esprits ; soyez raisonnables ; rejettez les conseils perfides qu'on pourrait vous donner. Livrez-vous tranquillement à cette idée consolante que *vous acquerrerez votre liberte par le travail, la bonne conduite et la soumission à vos maîtres,* que désormais vous considérerez comme vos bienfaiteurs.

C'es ainsi qu'en vous préparant par de bon-

nes mœurs ; en vous dirigeant par des sentimens d'honneur , vous arriverez à ce point nécessaire pour acquérir la liberté et les avantages
qui y sont attachés. Alors vous saurez apprécier tout le bienfait que vos maîtres vous auront
procuré. Tel est le vœu ardent que je fais. Puis-
ai-je le voir réaliser ! Hommes blancs , soyez
pour votre intérêt , soyez enfin raisonnables ;
restituez aux gens de couleur un droit que leur
avait accordé la loi , et dont ils ont joui sous
vos ancêtres.

Et vous tous colons , jettez un regard de
compassion sur ces malheureux , arrachés de
leur sol natal ; touchés de leurs douleurs , de
leurs larmes, laissez-vous fléchir par l'humanité,
défendue au nom même de votre intérêt personnel ; rendez-vous enfin dignes de la liberté
que vous réclamez vous même ; malheur et
honte à tous ces ennemis du bien bublic qui
méconnaissent le prix glorieux attaché à la
régénération de l'espèce humaine. Leurs cris
répétés , leurs efforts multipliés seront impuissans contre la raison et la justice.

SUPPLÉMENT

Contenant des moyens pour rétablir promptement l'ordre dans les Colonies Françaises.

LA déclaration des droits de l'homme est un monument éternel qui servira de charte au genre-humain ; et tout homme juste devrait l'avoir gravée dans le cœur. Mais malheureusement il est des êtres égoïstes pour qui le *moi* est *tout* et les *nations rien.*

Cette maxime criminelle doit s'adapter particulièrement à ces colons qui n'ont vû dans la révolution française que leur bonheur seul , fondé sur l'oppression et la tyrannie qu'ils ont cru exercer impunément et perpétuellement sur des hommes , dont le salut est pareillement attaché à la régénération des français. L'apperçu que je vais donner sur les colonies convaincra le lecteur de cette vérité.

Aussi-tôt que le cri de liberté eût rétenti dans le nouvel hémisphère ; qu'on y eût appris le renversement de la bastille, la fuite, la terreur des ennemis du bien public, la mort de quelques tyrans, dont les têtes ont été proscrites et abattues par le peuple ; en un mot, tous les grands traits qui ont caractérisé la révolution française, les insulaires, entousiasmés, brûlant de prendre part à cet événement mémorable, arborèrent aussi-tôt la cocarde *tricolore*; détruisirent l'ancien gouvernement ; établirent le nouveau ; firent des fêtes civiques et on se crût heureux.

Mais dans les colonies, comme en France, tous les esprits engoués, agissant sans reflexion, ne prévirent point les privations qu'exige le bien public, les maux inévitables qu'entraîne une révolution. D'abord on fût presque tous d'accords, on semblait n'avoir qu'une même âme ; c'était un peuple de frères, unis pour le même bien, la *liberté*. Mais bien-tôt l'orgueil, l'intérêt vinrent porter la discorde : les opinions se heurtèrent, chacun fit consister la liberté dans son bonheur individuel, et on porta des atteintes au bien commun.

Les colons blancs crurent devoir se donner des lois eux-mêmes, sans y faire participer les gens de couleur libres. Ceux-ci voulurent partager ce droit sans penser aux esclaves. Les esclaves eux-mêmes, frappés des insurrections indiscrettes qu'on fesait en leur présence , crurent trouver dans la révolution leur liberté (1).

De la division , de l'agitation , de la fermentation des esprits est né des troubles et des malheurs.

Si l'assemblée constituante se fût pressée de fixer l'état des personnes dans les colonies ; de leur donner des lois sages et claires , telles que les circonstances et les localités l'exigeaient , et qu'elle les eût faites exécuter ponctuellement et promptement, elle aurait évité tous les désastres qui ont désolé et désolent encore ces riches contrées : cette vérité va se vérifier par un simple exposé des lois relatives à l'état politique des colons.

Le décret du 8 mars 1790 , portant que *tous les contribuables* étaient *citoyens actifs* , les gens de couleur *contribuables* crurent exercer comme les blancs leur droit de citoyen. Mais les blancs ayant soutenu qu'on n'avait rien

______

(1) Cependant là comme ici , il en est qui ont vu dans ce nouvel ordre de chose, la portion de bonheur que chacun doit espérer dans l'état où les circonstances nous placent , c'est-à-dire la justice et la protection que tous les individus ont droit d'attendre du gouvernement.

statué sur l'état des personnes , l'assemblée rendit le 12 octobre un second décret , dans le considérant duquel il est dit qu'elle a *déja* annoncé sa ferme volonté de *ne rien statuer sur l'état des hommes des colonies.*

Cette dernière phrase ne devait sans doute s'adapter qu'aux hommes non libres et non aux hommes libres ; c'est ce que firent entendre tous les défenseurs de l'humanité. Mais les par_ tisans des colons blancs, c'est-a-dire des planteurs orgueilleux persistèrent dans leurs pretentions , que les gens de couleur n'avaient pas acquis le droit de citoyen.

Cependant l'assemblée nationale , touchée du tableau déchirant des malheurs des gens de couleur, tableau fait à la barre par l'un d'eux, M. Raimond , lequel dans un discours énergi - que , clair et précis , confondit ceux qui avaient soutenu que cette classe d'hommes , n'ayant aucune aptitude pour les sciences , ne pouvait se représenter elle-même. Ayant ainsi levé le voile de l'imposture et réduit ses adversaires au silence , l'asssemblee rendit , le 15 mai 1791 , un décret qui accorde la qualité de *citoyen à tous les hommes nés de péres et méres libres.*

Quoique ce décret bien formel fût une inodification de celui du 8 mars, les gens de couleur restèrent dans le silence, espérant une justice entière du tems. Mais vint enfin le décret du 23 septembre qui porte, que les lois concernant l'état des personnes non libres et *l'état politique des hommes de couleur et nègres libres seront faites par les assemblées coloniales*, et portées à la sanction du roi sans qu'aucun décret antérieur puisse porter obstacle au plein exercice du droit conféré par le dit article aux assemblées coloniales.

Tels sont les décrets rendus sur l'état des personnes, décrets tantôt confus, tantôt clairs; décrets incohérents, contradictoires; inconttitutionnels et attentatoires au droit du pouvoir législatif et au droit politique des hommes.

C'est en vain que les Pétion, les Grégoire, les Robespierre, les Rœderer, les Bouchotte, les Prieur, et autres membres de l'assemblée constituante, dont les noms seuls font l'éloge, ont réclamé, persisté contre les partisans de l'inégalité des droits. C'est en vain que les Brissot (1), les Claviere (2) et autres amis de

(1) V. les nombreux écrits de ce patriote. Par-tout il y porte la sagesse, la lumière et la conviction.

(2) V. l'adresse importante de la société des amis

l'humanité ont éclairé l'assemblée constituante et le public, sur les intérêts de la métropole et des Colonies. C'est en vain, enfin que des citoyens, des négocians (1) justes et éclairés sur leur intérêts ont réclamé contre les vexations des colons, aveuglé par le préjugé, et qui ont voulu opprimer perpétuellement les gens de couleur et éterniser l'esclavage, ou se séparer de la France, afin de n'être point atteint par leurs créanciers. Toutes ces réclamations, frappées au coin de la vérité, de la justice, de l'humanité, d'un intérêt éclairé et d'une saine politique, ont tour à tour été ou approuvées, ou désapprouvées.

De l'inexpérience du rapporteur du comité des noirs, rédigée par un philantrope aussi profond en finance, qu'éclairé en politique.

(1) V. une infinité de pétitions, d'adresses envoyées au corps constituant, par diverses sociétés et par plusieurs chambres de commerce, entre autres de Bordeaux, place qui fait le plus d'affaires dans les colonies et notamment à Saint-Domingue. Dans la deuxième édition de l'adresse, rédigée par M. Clavière, on y trouve un recueil d'une partie des différentes adresses relatives aux colonies.

colonial (1) ; de l'esprit versatile de ce comité ; de la contradiction des décrets de l'assemblée constituante ; de l'ambiguité dans les adresses ; du retard à les faire connaître , et d'une infinité d'entraves, qu'en est-il résulté dans les Colonies , et notamment à Saint-Domingue et à la Martinique ?

Audace , témérité et oppression de la part des méchans colons ; timidité , découragement des bons citoyens ; reclamations , soulèvemens des gens de couleur ; perfidies , vengeances , attrocités des blancs sans principes ; violations de tous les droits , insurrections , contre - révolutions ; insubordinations , vexations des troupes de ligne ; sou-

____

(1) V. la lettre de M. Brissot à M. Barnave.

De votre honneur , jaloux ,
Tremblez , que votre nom ne périsse avant vous !

Telle est l'épigraphe de cette lettre.

Le philosophe avait prévu la chûte de ce jeune législateur égaré , qui, pour la prévenir , aurait du suivre le conseil sage que lui donnoit son censeur. » Revenez » vous-même aux principes , à la loyauté ; c'est le » seul parti qui puisse vous honorer , c'est le seul » qui puisse vous rendre le repos de la conscience. » (page 104.)

lèvemens des équipages ; punition, dégradation, renvois des soldats ; armemens, désar-
memens des gens de couleur : insurrections
des esclaves ; révoltes, pillages, incendies,
meurtres ; poursuites, vexations et désertions
d'une infinité de colons ; guerre civile, attrocités et destruction des hommes ; ruine des
citoyens.

Voilà ce qu'a causé le bel esprit de quelques hommes pervers, sans pudeur, qui,
trop long-tems, abusant de la confiance du
public, l'ont leuré à la faveur d'un patrio-
tisme faux, outré et vexatoire.

Ensuite quelques colons ont porté leurs
doléances aux pieds du Roi ; des gémissemens ont fait retentir le sanctuaire des lois,
et on a demandé des secours pour les victimes des circonstances.

Enfin, quelques marchands ambitieux,
égoïstes et mauvais citoyens, voulant lâche-
ment profiter du désastre de nos Colonies, et
peut-être causer du désordre dans l'intérieur
de l'Empire ; ont haussé exorbitamment la
valeur des denrées coloniales. Le peuple,
quelques fois égaré, mais éclairé sur ses devoirs comme sur ses intérêts, a renoncé à des

douceurs , dont une longue habitude lui avait fait un besoin. C'est ainsi que le tempérent français fait expier les forfaits de la cupidité.

Cependant les maux occasionnés dans nos Colonies , et notamment à la Martinique et à Saint-Domingue, sont affreux , incalculables , et seront totalement désastreux , si on n'y remédie promptement. Les Colonies doivent donc fixer toute l'attention de l'assemblée nationale. Pour opérer une guérison parfaite , il ne faut point émonder l'arbre des abus , il faut porter la coignée au tronc , opération qui doit être sage et ferme pour en obtenir l'efficacité.

Avant de proposer mes moyens , il me paraît essentiel d'exposer quelques observations qui feront naître des questions , dont la résolution servira de base aux mesures que je proposerai.

Observations.

Les Colonies sont considérées par M. *Nesker* , comme de la plus grande importance pour l'Etat ; il prétend qu'une vente de 220 à 230 millions de marchandises , manufacturées ou apportées des Colonies , obtient à la France une balance de commerce de 70 millions.

Suivant M. *Monneron* l'aîné , la somme totale du produit des travaux et des bénéfices , provenans du commerce colonial , monte à une somme de 167 millions , somme qui se partage entre 6 à 7 millions d'hommes.

M. *Clavière* donne un résultat tout différent , il dit : que quand on parle d'une balance commerciale apportant chaque année 70 millions en France , on parle d'une manière figurée ; que la France et le monde entier ne supporteroient pas une pareille exportation et importation métallique ; et admettant contre son sentiment une balance de commerce de 70 à 75 millions, il dit ; que cette balance ne serait pas la preuve d'un état de chose si prospère qu'il fallut tout lui sacrifier. Cependant il pense que l'on gagnera infiniment si on ne sépare point les Colonies de la France.

Certainement que les Colonies sont importantes pour la métropole. Les abandonner ce seroit exposer la France à perdre une dette d'environ 3oo millions ; ce serait exposer les Colonies à être envahies par des puissances étrangères , qui pourraient nous dicter des loix dures , relativement au prix des denrées coloniales , et nous priver du débit de nos marchandises manufacturées. Il ne s'agit pour améliorer les Colonies que d'y faire régner comme en France , la justice , par conséquent la liberté. Alors elles ne coûteront pas annuellement à l'Etat, environ dix millions.

Quand bien même , et contre l'évidence, les Colonies ne seraient pas avantageuses à la France , elle ne doit pas , par un principe d'humanité , les abandonner à elles-même dans un instant sur-tout où elles ont besoin de bienveillance , de protection et de secours.

Conservant les Colonies , nous devons les regarder comme faisant parties de l'Empire français. Sur ce point la constitution est formelle (1) ; mais le même article dit que les

______

(1) Les colonies et possessions françaises dans l'Asie, l'Afrique et l'Amérique , quoiqu'elles *fassent parties de l'empire français , ne sont pas comprises dans la présente constitution.* (*Infra* art. 8, tit. 7.)

Colonies ne sont point comprises dans la constitution. Il leur faut donc une constitution et par conséquent des représentans , à ce dernier égard on peut , d'après la constitution (1) , leur en accorder. Il s'agit donc de savoir par qui les Colonies seront représentées ; et quelle est la constitution qu'on leur donnera. Mais avant tout , on doit envisager l'état politique des personnes. Telles sont les questions que je vais examiner et résoudre.

Iere. QUESTION.

Quel est l'état politique des habitans des colonies ?

Suivant la déclaration des droits de l'homme , tous les individus composant l'Empire doivent être citoyens ; ces droits sont garantis par la constitution. Mais ce principe éternel ne peut pour ce moment être applicable aux Colonies , relativement aux personnes non

(1) Le nombre des représentans au corps législatif, est de 745 à raison de 83 départemens , dont le royaume est composé ; *et indépendamment de ceux qui pourraient être accordés aux colonies.* (art. I , chap. I , titre 3.)

libres , sans porter atteinte aux droits des citoyens , droits également garantis par la constitution.

Il ne doit pas en être de même à l'égard des mulâtres et des nègres libres , qualifiés gens de couleur, classe absolument distincte des esclaves : propriétaires , contribuables , supportant les charges de la société , ils doivent avec les blancs en partager les faveurs.

Déjà on leur avoit accordé la qualité de citoyen , par une loi de 1685 , loi tombée en désuétude par l'effet de l'oppression des blancs. Déjà l'assemblée constituante a décrété en mars 1790 , que *tous les contribuables* dans les colonies *étoient citoyens actifs*. Déjà elle a accordé en mai 1791 , la qualité de *citoyen* à *tous les hommes nés de père et mère libres*.

A la vérité, un décret d'octobre est muet sur l'état des hommes des colonies, ou dumoins il est dit dans le considérant, qu'elle avoit déjà annoncé sa ferme volonté , de ne rien statuer sur ce point, ce qui n'étoit pas, d'après le texte des précédentes loix. A la vérité, encore le décret de septembre, porte que les loix concernant l'état des personnes non libres et l'état politique des hommes de couleur et
nègres

nègres libres *seront faites par les assemblées co-loniales, et portées à la sanction du roi*, sans qu'aucun décret antérieur puisse porter obstacle au plein exercice du droit conféré par ledit article, aux assemblées coloniales.

L'assemblée législative doit fixer toute son attention sur ce dernier décret, qui est de la plus grande importance.

Avant d'examiner le fond de ce décret, je vais prouver son vice, sa nullité dans la forme.

La clôture de la constitution a été faite le 3 septembre 1791, et acceptée par le roi le 14 du même mois, et le dernier décret sur les colonies est du 23 septembre, par conséquent il n'est pas renfermé dans la charte constitutionnelle, donc il ne peut pas être constitutionnel; la constitution est formelle à cet égard.

,, L'assemblée nationale, ayant entendu la ,, lecture de l'acte constitutionnel ci-dessus, ,, et après l'avoir approuvé, déclare que la ,, constitution est terminée et qu'*elle ne peut y* ,, *rien changer.*

Vainement a-t-on décoré le dernier décret des colonies du titre imposant *d'articles consti-tutionnels.* Ces articles, même sanctionnés ne sont, d'après les termes sacramentels de la charte constitutionnelle , que des décrets , tout au plus réglementaires , que l'on peut supprimer.

Vicieux, nul en sa forme, ce décret est attentatoire à l'autorité du corps législatif. En conférant aux assemblées coloniales l'initiative ou le droit de prononcer sur l'état des personnes , on a sacrifié la Métropole à ses colonies ; le corps constituant a délégué à des assemblées partielles des portions de son pouvoir, et lui a conféré la souveraineté.

» *La souveraineté est une , indivisible , inalié-* » *nable et imprescriptible. Elle appartient à la* » *nation ; aucune section du peuple ni aucun in-* » *dividu ne peut s'en attribuer l'exercice.* » (Constitution , tit. 3 , art. Ier.)

En conférant ce pouvoir aux assemblées coloniales, composées de blanc , le corps constituant a sacrifié une moitié des hommes libres, les gens de couleur, et les a exposés à être perpétuellement sous le vasselage des blancs (1);

_____

(1) On connaît le pouvoir que voulait s'arroger l'assemblée de Saint-Marc.— L'assemblée coloniale de la Martinique, par son arrêté du 12 Juillet 1790, déclare qu'elle n'entend point se désister, ni renoncer en aucune manière au droit qui lui appartient exclu-

elle leur a enlevé un droit dont il n'a pu disposer. Le droit des hommes est antérieur à
toute assemblée constituante et législative :
inhérent à la nature , il est indépendant de
toute espèce de pouvoir. C'est un fait positif
qui a existé et existera éternellement : c'est
pourquoi l'assemblée constituante n'a pas *décrété* les droits de l'homme ; elle les a *déclaré*
(déclaration distincte) séparée de la constitution, à qui elle sert seulement de base. Ainsi
ce que le corps constituant n'a dû faire lui-
même, n'en ayant pas le droit, à plus forte
raison , il n'a dû déléguer ce droit.

En examinant, sous tous les points de vue ,
le décret de septembre , on doit se convaincre
qu'il est nul , vicieux, injuste , vexatoire, im-

sivement , *de régler définitivement* sous la simple appro-
bation du gouverneur , *tout ce qui tient au régime et à
la police des affranchis* et des esclaves de la colonie.
L'assemblée coloniale de la Guadeloupe , considérant
que la législation qui concerne *les gens de couleur, est
la propriété des colons, leur vie, leur existence phisique
et morale* , ont en conséquence décrété que tous *les
gens entachés par mésalliance , seront privés du droit de
citoyen actif.* (art. 3 du réglement placardé le 31
Mars 1790.)

politique et inconstitutionnel. Je conclus que l'assemblée législative ne doit pas s'y arrêter. Dès-lors l'état des gens de couleur se trouverait assuré par les décrets de mars, de mai, (celui d'octobre est insignifiant) et par l'édit de 1685 (1). Ces loix doivent recevoir leur pleine exécution : ,, Les décrets rendus par l'assem-
,, blée constituante, qui ne sont pas compris
,, dans l'acte de constitution , *seront exécutés*
,, *comme loix* ; et les loix antérieures auxquelles
,, elle n'aura pas dérogé, *seront également obser-*
,, *vées* , tant que les unes ou les autres n'auront
,, pas été révoquées , ou modifiées par le pou-
,, voir législatif, (dernier article de la constitution).

Cependant, comme les blancs se prévalent du décret de septembre, pour éloigner des as-semblées les gens de couleur libres; que ceux-ci s'appuyent sur les décrets de mars , de mai, sur la loi de 1685 , sur les concordats passés à

(1) Voulons qu'ils (les affranchis) méritent une liberté acquise, et *qu'elle produise en eux, tant pour leurs personnes que pour leurs biens , les mêmes effets que le bonheur de la liberté naturelle cause à nos sujets.* (art. 9 déclaration de 1685)

Saint-Domingue , entr'eux et les blancs , enfin sur la déclaration des droits de l'homme ; il est certain que jusqu'à ce qu'il ait été prononcé définitivement sur l'état politique des gens de couleur , les désordres continueront , et que l'on s'exposera à perdre les colonies.

L'assemblée nationale doit justice et protection à tous les citoyens de l'empire. Planant sur les intérêts particuliers , elle doit penser au salut commun ; c'est là sa mission la plus importante. Ainsi , sans s'arrêter sur les erreurs , les fatalités qui ont précipité les décrets sur les colonies ; sans avoir égard à ce prétexte insidieux , tiré des localités , l'assemblée , ayant sur les colonies , la plénitude du pouvoir législatif , doit statuer de sa pleine science et de son autorité , sur l'état des personnes libres de toutes couleurs. A cet égard le décret qu'elle rendra devra être considéré comme ceux rendus relativement aux protestans et aux juifs , décrets qui ne sont point constitutionnels; ils ne sont qu'une conséquence des droits naturels et civils de l'homme , garantis par la constitution.

L'état des Colons libres , une fois fixe , il faudra que les colonies soient légalement représentées , afin qu'elles émettent leur vœu sur la constitution , la législation , l'administration qui conviennent à la prospérité et à la sûreté de ses habitans.

IIe. QUESTION.

Par qui les colonies doivent-elles être représentées à l'assemblée nationale ?

Tous les citoyens, concourant également au maintien de l'ordre , à la prospérité , à la sûreté de toutes les possessions composant l'empire, doivent aussi concourir à former les pouvoirs , à maintenir les autorités constituées. Il est naturel de penser que, les citoyens de l'intérieur ne doivent pas plus donner des lois (1)

(1) » La loi est l'expression de la volonté générale.
» Tous les citoyens *ont droit de concourir personnelle-*
» *ment, ou par leurs représentans à sa formation. Elle*
» doit être la même pour tous, soit qu'elle protège,
» soit qu'elle punisse. Tous les citoyens étant égaux
» à ses yeux , *sont également admissibles à toutes di-*
» *gnités , places et emplois publics,* selon leur capa-

à ceux de l'extérieur que ceux-ci à ceux-là ; la justice doit être égale pour tous : c'est cette égalité en représentation (1) qui fait l'essence d'un gouvernement libre.

Cette vérité fut sans doute sentie, lorsqu'on admit les députés des Colonies à l'assemblée constituante ; c'est encore par le principe d'égalité que l'île de Corse envoie elle-même ses députés.

En user autrement, à l'égard des Colonies, ce serait faire exercer la souveraineté par les Français Européens sur les Français des autres parties du monde ; ce serait s'exposer à n'avoir pas les lumières essentielles pour donner des lois aux Colonies ; ce serait, n'en doutons pas, jetter la discorde parmi les citoyens des deux mondes ; ce serait enfin manquer le

» cité, et sans autre distinction que celle de leurs » vertus et de leurs talens. « (*Déclaration des droits de l'homme*, art. 6.)

(I) » Les *représentans* nommés dans les départe- » mens, ne seront pas représentans d'un département » particulier, mais *de la nation entière* ; et il ne » pourra leur être donné aucun mandat. (*Constitu-* » *tion, chap.* I *, sect.* 3 *, art.* 7.)

but que l'on s'est proposé, en formant un nouveau gouvernement. Je conclus que les Colonies doivent envoyer elles-mêmes leurs représentans.

Les Colons ayant émis leur vœu, par l'organe de leurs députés, l'assemblée législative se rendra assemblée *constituante* pour les Colonies, leur donnera enfin une constitution claire et précise.

IIIe Q U E S T I O N.

Quelle constitution doivent avoir les colonies ?

Les Colonies étant des parties intégrantes de l'empire Français, il est naturel de penser qu'on doit leur appliquer les principes généraux de la constitution, principes qui assureront l'état, les propriétés et les intérêts de tous les hommes libres ; leurs lois ne doivent différer de celles de France que par des reglemens concernant l'administration, la police relativement aux localités.

A l'égard des hommes non libres, que l'on devra désormais considérer comme des mineurs sous la tutelle du gouvernement, les

Colons doivent émettre leur vœu sur leur sort.

Mais l'assemblée nationale se conformant à la déclaration des droits de l'homme ; ayant égard à la propriété des Colons ; considérant la régénération de l'espèce humaine ; et cherchant à assurer la prospérité et la sûreté des colonies, doit statuer définitivement sur le sort des esclaves en masse ; c'est-à-dire qu'elle doit donner ou sanctionner des loix, qui assureront graduellement l'état civil et politique des esclaves, et fixer un terme pour l'abolition de l'esclavage, comme je l'ai expliqué dans mon ouvrage.

Enfin, l'assemblée, après avoir connu le vœu des Colons et des négociants ; après avoir pesé dans sa sagesse les inconvénients de la traite ; et fixant encore des regards tendres et compatissants sur les infortunés negres ; s'élevant, planant au dessus de la lâche politique, d'un intérêt mal entendu, doit par une loi immortelle qui servira d'exemple à tous les gouvernements, abolir la traite, ce trafic abominable qui dégrade l'espèce humaine, et couvre de honte les peuples civilisés. A cet égard elle prendra les tempéramens con-

venables , pour que chacun y trouve l'in-
demnite qui lui est légitimement due. Je
renvoye à cet égard au plan que j'ai tracé.

Si les Colonies , et sur-tout St. Domingue
et la Martinique , n'étaient dans un état d'a-
gitation , de troubles , de désordres, de malheurs ; qu'elles ne fissent craindre leur ruine
d'un instant à l'autre ; qu'elles eussent envoyé des réprésentans , l'assemblée devrait
mûrement et tranquillement penser à leur donner une constitution définitive. Mais comme il
est urgent de remédier aux maux , aux convul-
sions terribles qu'elles éprouvent continuellement , on doit avant tout s'occuper sérieusement et sur le champ de leur sort actuel ;
c'est l'objet de la dernière question.

IVe. QUESTION.

*Quel parti doit prendre l'assemblée nationale pour
rétablir promptement l'ordre dans les colonnies ?*

Avant de proposer mes moyens , et pour en
établir l'efficacité, il est indispensable que je les
fasse précéder de quelques observations.

J'ai déja dit que les décrets relatifs aux

colonies , loin d'avoir calmé les esprits n'ont fait que les irriter ; j'ai dit aussi que quelques agens du pouvoir exécutif, au lieu d'avoir rétabli l'ordre n'ont fait qu'augmenter le désordre (1). Ces faits ont été ou seront encore prouvés à l'assemblée nationale. Je conclus qu'il y a *urgence* à s'occupper des colonies.

Partant de ces observations il faut 1°. que l'assemblée régle définitivement l'état politique des personnes libres, elle en a le droit, je l'ai établi. 2°. Pour qu'on agisse avec plus de célérité , d'exactitude et d'efficacité , il faut qu'elle donne elle-même les ordres nécessaires pour faire exécuter ses décrets sans le concours du pouvoir exécutif ; elle le peut ; c'est ce

(1) A Sainte-Lucie , les habitans blancs de couleur et nègres libres , ont vécu dans la plus grande cordialité ; la paix y a régné constamment, jusqu'au moment ou l'on reçut de la part des derniers commissaires envoyés aux colonies, une proclamation, par laquelle on enjoignait de casser les assemblées coloniales , et de rétablir l'ancienne administration. Cette proclamation , dans laquelle les commissaires civils ont outre-passé leur pouvoir, fut l'étendard de la discorde ; et Sainte-Lucie éprouve aujourd'hui les mêmes événemens que les autres colonies.

qui est prouvé, par les termes mêmes de la constitution.

Les assemblées primaires se formeront de plein droit (1). *Les assemblées électorales se formeront de plein droit* (2). *Les électeurs nommés en chaque département se réuniront pour élire le nombre des représentans, dont la nomination sera attribuée à leur département* (3). *Dans aucun cas et sous aucun prétexte, le roi ni aucun des agens nommés par lui, ne pourront prendre connaissance des questions relatives à la régularité des convocations, à la tenue des assemblées, à la forme des élections ni aux droits politiques des citoyens* (4). *La convocation des assemblées primaires en retard; les questions soit d'éligibilité, soit de validité des élections ne sont sujets à la sanction royale* (5). *Sont exceptés des dispositions ci-dessus. (formes ordinaires) tous les décrets reconnus et déclarés urgens par une délibération préalable du corps législatif* (6). *Enfin la réquisition de la force*

(1) Constitution. tit. 3, chap. I, sect. 2, art. I.
(2) *Ibid.* sect. 3, art. I.
(3) *Ibid.*
(4) *Ibid.* sect. 4, art. 6.
(5) *Ibid.* chap. 3, sect. 3, art. 7.
(6) *Ibid.* sect. 2, art. II.

publique appartient aux officiers civils , suivant les régles déterminées par le pouvoir législatif (1).

Ainsi, et en se conformant à la constitution, l'assemblée nationale peut faire rétablir promptement l'ordre dans les colonies. Il ne me reste plus qu'à proposer mes moyens.

MOYENS.

Ier.

Suspendre provisoirement tout envoi pour les colonies.

I I.

Décréter qu'il y a *urgence* pour les colonies ; en énoncer les motifs.

I I I.

Assurer définitivement l'état politique des hommes de couleur et nègres libres.

I V.

Régler les moyens et la force nécessaire (2) pour y rétablir l'ordre.

(1) *Ibid.* tit. 4, art. 10.
(2) En acceptant l'offre de la ville de Bordeaux et autres villes , on pourrait envoyer aux colonies des gardes nationaux.

V.

Faire des instructions claires et formelles, dans lesquelles on chargera les commissaires civils 1°. De casser les assemblées actuelles. 2°. De faire convoquer les assemblées primaires et de département, afin de procéder aux nominations des députés et autres fonctionnaires publics. 3°. D'armer tous les citoyens actifs. 4°. De faire rentrer dans l'ordre les esclaves révoltés, avec promesse sacréé qu'on s'occupera incessament de leurs sort. 5°. De faire rétablir l'ordre judiciaire. En un mot donner aux commissaires tous les pouvoirs nécessaires pour faire exécuter les décrets du corps législatif.

V I.

Nommer des commissaires (1) et rappeller

(1) Il serait à desirer, que parmi les commissaires il y eût un homme de couleur, dont on connaitrait la capacité. Il doit y en avoir à Paris, qui certainement pourraient remplir cette importante fonction. Par une pareille nomination on abasourdirait le préjugé ; on mettrait la loi en vigueur ; on forcerait les blancs à respecter cette classe d'hommes ; on gagneroit la confiance de ces citoyens, trompés tant de

ceux qui sont actuellement aux Colonies; ainsi que les troupes inutiles

VII.

Envoyer à St.-Domingue et à la Martinique des secours commandés par l'humanité et mesurés par la sagesse.

VIII.

Accorder une amnistie à tous les malheureux égarés par les circonstances.

Telles sont les idées que je soumets aux lumières des législateurs, afin de rétablir l'ordre et assurer la tranquillité dans nos colonies, dignes, par leur état déplorable, de toute la sollicitude de l'assemblée nationale.

fois; on inspirerait du respect pour eux aux esclaves, la confiance et la crainte nécessaire pour les faire rentrer et maintenir dans le devoir; on donnerait aux esclaves l'espoir de voir cesser leur état déplorable. Une pareille nomination produirait une infinité de bieu. L'assemblée nationale donnera, je pense, ce grand exemple de philosophie.

De l'Imprimerie du Cercle Social, rue du Théatre François, N°. 4.

endant vingt ans par un achat
laves de traite.

esclaves avec lesquels il fera un
au bout de vingt ans , cela fera un
. . . . 2,000,000 l.
,ooo liv., la valeur du remplace-
6ᵉ. par an , pendant ces 20 ans.
considérablement depuis quelques
ssions des prix. . . . .
es est de 5o , nous porterons ceux-
   chacun ; total. . . 100,000 l.
es à 2,5oo l. chacun. 125,000
ccèdent à 2,8oo liv. . 140,000 } 690,000
ivent à 3,ooo l. . . 15o,ooo
écs à 3,5oo liv. . . 175,000
                                    ____
eur aura de net. . . . . . . 1,290,000 l.
a plûpart vieux ou exténués , peu
oup que de les porter les uns dans
. . . . 200,000
ration , seize enfans (1) à 1,ooo liv.
. . . . 16,000
                                    ____
. . . . 1,506,000 l.

ingt ans , se trouvera de pair avec
oins. Mais les esclaves augmentant
ur rareté ; et la valeur des denrées
at des nègres , de sorte que dans
nser plus que son revenu ; et s'il
ra obligé de vendre son habitation.

ULTAT

e ruiné.

tation mal régie est presque nulle.

Supposons également à ce planteur 200 nègres. Mais 1
tant plus sur le secours de la traite , la nécessité le rendra
économe. Ne voulant point ruiner son attelier il diminue
vail de ses nègres , les nourrira mieux , et ne pouvant rem
mourans dans un état d'activité , il ne fera , une année por
tre , pendant les quinze premières années que 50,000 li
venu au lieu de 100,000 liv. pour quinze ans , ci. . . .

L'expérience apprend que des nègres bien soignés ont]
d'enfans (1) ; on est très-modeste en ne portant cette pr
qu'à 8 nègres par an ; et comme les créoles valent ir
mieux que les bossales, que leur valeur varie d'un quart à
en sus de celle des bossales ; et ayant égard à la progession
nous portons les huit nègres de la première année à 3oo
cun , et augmentant la progression jusqu'à 5,ooo liv. pou
année , cela fait un total de. . . . .

Le planteur ayant , au bout de 15 ans de jeunes bras vi
qui auront plus que remplacé les vieillards morts , son rev
être augmenté d'un tiers , en sus, pendant les cinq dernières
ce qui fait. . . . .

Ajoutons la moitié des anciens nègres encore bons pour]
et ne les portons qu'à 1 ooo liv. l'un dans l'autre , ci. .

Total au bout de 20 ans. . . . .

Ce planteur , au bout de 20 ans , ayant plus de nèg
l'autre ; son attelier augmentant graduellement ; et l ha
étant exploitée par des créoles jeunes et vigoureux , il d
dans 3o ans 150,000 liv. de revenu. A cette époque le ca
ses nègres se portera à 1,280,000 liv. , richesses qui augm
toujours progressivement.

RÉSULTAT

Celui-ci tierce ses revenus et double son capital.

---

(1) Le physique des nègres bien nourris et point excédés par le
la nature du climat , concourent à l'accroissement de la population
Domingue elle est telle dans quelques familles que le gouvernemer
des 72 , 80,000 liv par an , pour des pensions assignées aux peres
de 10 et 12 enfans nes en legitime mariage ; et encore les pension
sont-ils pas exacts à se faire payer.

TABLEAU DE COMPARAISON.

ait valoir avec des esclaves , pen-
t 20 ans.

2000 livres l'un dans l'autre , le
. . . . . . , ... 400,000 l.
idant 20 ans à raison du 16e. par
années , est de 5o. Nous porterons
'autre , total. . . . 100,000 l.
ntes , à 2500 l. . . 125,000
uccèdent, à 2800 l. . 140,000
suivent , à 3000 l. . 150,000 } 690.000
nées , à 3500 l. . . 175,000

nées , tant pour chirurgiens , dro-
urriture et dégâts qu'ils occasion-
odéré de ne porter cette dépense
20 ans. 200,000

____

1,290,000 l.

100,000 l. au bout de 20 ans ,
. . . . 2,000,000 l.
planteur peut retirer
ix tiers de sa mise
. . . . 226,666
____
. . . . 1,226,666
. . . . . . : 1.290,000
____
ans. . . . . . . 936,666 l.

SULTAT

*is de bénéfices , et il court les risques,
tre ruiné.*

Habitation que l'on fait valoir à moitié fruits
vingt ans.

Supposons également une habitation où l'on emploie s
tels qu'ils peuvent se trouver sur l'autre habitation , c
femmes , enfans , infirmes, etc.

Il est certain que des négres libres , travaillans pour le
doivent faire au moins un tiers de revenu en sus d'une
cultivée par des esclaves. Ainsi , en portant ce revenu à 1
la moitié de ce revenu , pour le maître fait un bénéf
bout de 20 ans. 1,5

Ce qui est plus d'un tiers net en sus que sur l'autre
De plus , le colon ne court pas les risques du marc
mortalités et divers autres accidens ; il ne craint pas d'ê
sonné ; il ne paie rien au fisc pour ses esclaves. Enfin il ⸱
qu'il peut placer , soit dans le commerce , soit à ag
propriétés.

RÉSULTAT

*Celui-ci à un tiers de bénéfice en sus de l'autre ; il p
ment augmenter son capital et ne court aucun risque.*

— 2 —

MOYENS

PROPOSÉS

A L'ASSEMBLÉE NATIONALE,

POUR RÉTABLIR,

LA PAIX ET L'ORDRE

DANS LES COLONIES.

Par, ARMAND-GUY-KERSAINT,

Député suppléant, administrateur au département de Paris, chef de division des armées navales.

***

A PARIS,

Chez les DIRECTEURS DE L'IMPRIMERIE DU CERCLE SOCIAL, rue du Théatre Français ;
Et chez les principaux Libraires de l'Europe.

***

1792.

AVERTISSEMENT,

DE L'ÉDITEUR.

L'ouvrage qu'on va lire, n'est que la première partie d'un vaste plan d'organisation sur les colonies. M. de Kersaint dont les talens et les excellentes vues politiques sont connues, en est l'auteur.

L'éditeur, à qui M. de Kersaint a confié tout son ouvrage, sentant que cette première partie seule, pouvoit éclairer en ce moment l'assemblée nationale sur la grande question des colonies, qui va incessamment être mise à la discution, s'est empressé de la faire imprimer séparément. Il répond en son nom des notes qu'il a joint au texte.

R E I M O N D.

PREMIERE PARTIE.

Du parti que doit prendre
L'ASSEMBLÉE NATIONALE
Dans l'affaire des Colonies.

Quel parti l'Assemblée Nationale doit-elle prendre dans l'affaire des Colonies ?

En abordant cette question, j'apperçois une grande difficulté, je cherche le rang qu'occupe les colonies dans notre ordre social, et je ne le trouve pas.

La constitution garde sur ce point le plus profond et le plus étonnant silence.

Cependant un mot, une expression dilatoire que je découvre au titre 2, chapitre 1er. de l'exercice du pouvoir exécutif, fonde les droits indirects de ce pouvoir sur les colonies, d'une manière indéfinie ; » au roi est » délégué le soin de veiller à la sûreté exté- » rieure du royaume, et d'en maintenir les » possessions : » ce texte mérite une sérieuse attention.

Ici la loi constitutionnelle établit un droit, et décide une grande question. Si cet article fonde, suivant les ministres, le droit qu'a le roi d'envoyer des forces dans les Colonies selon qu'il le jugera convenable, sous la seule condition d'en prévenir le corps législatif ; il établit en même tems, que les Colonies sont une possession nationale *ou du royaume*, ce qui est la même chose ;

Mais que deviennent alors deux garans essentiels de nos droits, la responsabilité du ministre, et le droit de réquisition et le principe de l'égalité des droits dans l'unité monarchique ? Ces mots, *possessions du royaume*, changent tous les rapports établis par les décrets entre les Colonies et la métropole.

Ces établissemens ne sont plus ici partie intégrante de l'empire François, mais ses possessions dépendantes et subordonnées. Observez que les colons dans leur adresse au roi, ont manifesté le vœu de ne dépendre que de lui (1), et ne doutez pas qu'ils n'in-

____

(1) Nous supplions votre majesté de prendre les Colonies sous sa sauve-garde. — Adresse au roi, présentée le 2 Novembre, par les Colons, réunis à l'hôtel Massiac.

terprettent ces expressions, *les possessions du royaume*, dans celles-ci *les possessions de la royauté*.

Il devient donc d'une haute importance d'en fixer le véritable sens, de les raprocher des décrets rendus sur les colonies, et de déterminer que l'article 1ᵉʳ. du titre 2 de la Constitution n'est applicable qu'aux cas où les ennemis de la nation menaceroient ou attaqueroient les colonies désignées sous le nom de *possessions du royaume*.

A la fin du titre 3, on trouve encore ces mots remarquables:

Les Colonies et possessions françoises dans l'Asie, l'Afrique et l'Amérique, quoiqu'elles fassent parties de l'empire françois, ne sont point comprises dans la présente Constitution.

Que signifient encore ces paroles ? Que les François habitant les colonies, sont rejettés de la constitution, que les droits garantis par elle, la liberté, les droits de l'homme, le beau titre de citoyen françois ne leur sont point acquis. Injuste et impolitique décret ? qui pourra croire un jour qu'une statue en a été le salaire ?

L'expression, *de possessions*, se trouve ici, est-ce par hazard, est-ce à dessein ? Les circonstances, la conduite des colons, celle du pouvoir exécutif, tout me porte à croire qu'une combinaison profonde et dont le but est d'affranchir les colonies de toutes dépendances de l'assemblée nationale, a dicté en général *ses dispositions*, et cet article explique la conduite du gouvernement et du comité colonial de l assemblée constituante ; représentans du peuple hâtez-vous de reprendre vos droits, hâtez-vous de réhabiliter la nation dans l'exercice de sa souveraineté, les colonies sont le gage de sa puissance, et vous en êtes les garans.

Mais, si au terme des décrets mêmes, vous devez sanctionner leur constitution, vous êtes donc à leur égard le pouvoir constituant, et l'initiative qu'une complaisance fatale leur a fait accorder dans une loi que vous avez le pouvoir de détruire, ne change rien aux rapports de suprématie et de subordination établis par la nature des choses, et que le silence de l'acte constitutionnel ne peut affoiblir, cependant si vous aviez besoin de son autorité, vous la trouveriez dans le titre 3, section 1re, article 1er. » Le nombre » des représentans du corps législatif est fixé » à 745, à raison de 83 départemens dans le

» royaume, et *indépendamment de ceux qui*
» *pourroient être accordés aux colonies.*

Je vous le demande, qui peut fixer ce nombre ! qui peut accorder une part aux colonies de la représentation nationale , c'est-à-dire de sa souveraineté, si ce n'est le pouvoir constituant. Ainsi donc ce pouvoir vous est délégué par la constitution même : mais pour fonder vos droits, l'intérêt de la nation vous suffit , continuons de consulter l'acte constitutionnel. Je trouve encore dans cet acte, titre 4, article 8 de la force publique:

« Aucun corps ou détachement de troupes de ligne , ne peut agir dans l'intérieur du royaume, sans une réquisition légale. »

Art. X.

« La réquisition de la force publique dans l'intérieur du royaume , appartient aux officiers civils suivant les règles déterminées par le pouvoir législatif. »

Pourquoi n'appliqueriez-vous pas ces principes aux colonies ? cette belle loi de la réquisition , ce rempart de la liberté publique doit s'étendre à tout l'empire.

Si tels sont enfin les droits d'une munici-

palité sur son territoire , à plus forte raison
à l'assemblée nationale appartient celui de
requérir l'envoi des troupes dans les colonies, dans le cas où des discordes civiles
les lui feroient juger nécessaires à la sûreté
des propriétés particulières , ou à la conservation générale du pays dans ses rapports
avec les intérêts nationaux, cela est incon-
testable dans les deux hypotèses , et soit que
l'on considère les Colonies comme *possessions
nationales dépendantes* , ou qu'on les range
dans la classe des départemens ou division du
territoire de l'empire.

Avant d'entrer dans l'examen de la situation actuelle des affaires dans les colonies ,
j'ai cru nécessaire d'appeller votre attention
sur ces considérations importantes , parce
qu'elles doivent être le motif déterminant
d'une résolution majeure de la part du corps
législatif, résolution sans laquelle nos colonies sont perdues pour la nation , et les
efforts pour les conserver, seulement propres
à affermir les droits exclusifs qu'on voudroit
donner au roi (1).

(1) *Note de l'éditeur.* J'ajouterai à toutes les considérations de l'auteur, la réflexion suivante.

L'acte constitutionnel a déclaré que les colonies n'é-

Je dirai plus , je crois le sort de la constitution attaché au parti que l'assemblée nationale va prendre : si vous laissez agir le ministre seul , les Colons royalistes , exagérant dans leur pays les obligations qu'ils prétendront avoir au roi , diront : dans nos détresses , c'est le roi qui nous a secourus.

Qu'a fait l'assemblée nationale au récit de nos malheurs ? elle a passé à l'ordre du jour.

Alors il s'établira une doctrine coloniale anti-constitutionelle , dans laquelle il est apparent que la nation succombera , car on se servira des propres principes établis par l'assemblée constituante , sur la liberté des peuples pour vous combattre , et fonder la résistance qu'on opposera à vos décrets , et la ré-

toient pas comprises dans la constitution. Il faut donc faire aux colonies une constitution , mais pour la faire , n'est-il pas juste et indispensable de consulter le vœu de tous les habitans propriétaires et contribuables des colonies ? D'après ce principe, on ne peut donc se dispenser de connoître le vœu des hommes de couleur, libres, propriétaires et contribuables, sur-tout, lorsqu'il est évidemment prouvé qu'ils forment plus de la moitié de la population libre et contribuable des colonies, et qu'ils possédent plus du tiers des terres , et le quart des esclaves qui les font valoir.

solution de ne reconnoître que l'autorité royale, et le concours de circonstances extérieures et intérieures dont on saura bien en-
vironner cet événement, vous forceront d'en
subir la loi.

Ici vous avez à vous défendre de votre
propre vertu, la défiance est le flambeau
du législateur ; sauvez la Nation du danger
qui la menace, l'indépendance absolue des
colonies est préférable à leur indépendance
du pouvoir législatif, à leur dépendance de
la Couronne ; dans le dernier cas, le roi
déjà si puissant, le roi que la corruption du
siècle tend à élever sans cesse, et qui réunit pour nous subjuguer, l'argent, la puissance et la séduction, maître des colonies,
aura dans ses mains la source de la richesse
publique. Le corps législatif n'ayant plus à
stipuler sur ces grands intérêts, tombera
(et c'est ce qu'on desire) dans l'avilissement
et il ne nous restera de la révolution que le
désespoir d'avoir créé un despote sur les
ruines de cent mille que nous aurons inuti-
lement renversés.

Mais l'assemblée nationale par une mesure
prompte et vigoureuse, peut encore sauver
l'état, et voici celle que je lui propose.

1°. Suspendre le départ des troupes jusqu'à ce que l'assemblée en ait autrement ordonné : approuver dans le même moment les armemens consentis, ordonner qu'il vous soit rendu compte, dans la plus prochaine séance et avec détail, de ce qui est préparé, et de ce qui a été fait pour secourir les colonies, à quoi vous ajouterez ce que vous jugerez convenable, mais le pouvoir exécutif vous disputeroit ici le droit d'ordonner dans cette partie, pour faire tomber cette opposition, vous n'avez qu'un parti à prendre, c'est la deuxième mesure qu'exige de vous les circonstances, je vous propose donc de vous déclarer *assemblée constituante, relativement aux colonies*, et jusqu'à ce que leur constitution et leur relation politique et commerciale avec la métropole ayant été réglées et fixées conformément aux précédens décrets ; en conséquence d'inviter les députés des colonies qui avoient voix délibérative dans l'assemblée constituante, de se réunir à l'assemblée nationale législative, en leur accordant le droit de voter dans toutes les affaires relatives aux colonies, et en les rendant responsables envers leurs commettans de leur refus., de participer à ces délibérations (1).

3°. Arrêter, que dans le silence des colonies, l'assemblée nationale se considère comme leur pouvoir civil, et se réserve à ce titre le droit de requérir la force publique qu'elle jugera nécessaire à leur sûreté.

4°. Arrêter qu'aucun corps militaire étranger ne pourra être envoyé dans les colonies, sans l'autorisation du corps législatif, et que les établissemens d'outre-mer ne pourront avoir pour chef militaire que des citoyens François, fils de François, et nés en France (2).

(1) Si ce plan qui est très sage, étoit exécuté, il ne faudroit pas que la présente législature commît l'injustice de la première, d'exclure les représentans des citoyens de couleur ; il faudroit donc en appeller un nombre égal à celui des représentans des colons blancs, puisque les deux classes sont égales en nombre.

(2) Cette mesure est d'autant plus sage , que M. Blanchelande qui sent bien qu'avec des troupes Françoises on n'opérera jamais la contre-révolution qu'il desire, ne cesse de demander au ministre des troupes étrangères pour les colonies. Voyez sa dernière lettre en date du 28 octobre, lue à l'assemblée nationale , et insérée dans le logographe du 31 Décembre ; vous y trouverez cette phrase : *des troupes étrangères et subordonnées, il y a long-tems que je le dis, sont les seules qui conviennent ici.*

A ces premières dispositions qui remettront l'assemblée nationale à sa place, tous les bruits qui, sous toutes les formes, n'ont d'autre objet que de la tromper, et de dérober à sa surveillance, l'abîme que l'on creuse pour l'engloutir, et notre liberté avec elle, se dissiperont.

La nation inquiète de la situation équivoque de ses représentans, reprendra la confiance qu'elle leur doit, l'amour de la patrie se rallumera, et nos lâches adversaires, trompés encore une fois dans leurs coupables espérances, céderont enfin à la toute puissance des choses et à la constante volonté de la nation.

Après vous avoir proposé d'attirer sur vous tout le poids de la responsabilité des événemens dans l'affaire des colonies, il convient de vous présenter les moyens de vous garantir des effets fâcheux que vous pourriez en redouter, ces moyens sont simples et sont certains ; mais avant de vous les offrir, permettez-moi de jetter un coup d'œil sur l'état réel de Saint-Domingue, et *pour bien juger du parti que vous devez prendre* à l'égard de cette colonie, voyons ce que vous avez à craindre pour elle et par elle.

Vos sujets de crainte sont de trois espèces, la première, la révolte des esclaves ; la seconde, qu'elle n'appelle l'étranger, et ne veuille changer de maître, ou se rendre indépendante ; la troisième, qu'elle ne proteste contre la puissance nationale pour ne reconnoître que l'autorité royale : en effet, les motifs de ces différentes craintes sont fondés ; mais comment parviendrez-vous à les dissiper ? un seul et même moyend oit vous suffire.

Il existe à Saint-Domingue une classe nombreuse d'hommes qui aiment la France, qui chérissent les nouvelles loix, ce sont en général les honnêtes gens, les gens éclairés, les hommes laborieux qui vivent dans un état de fortune médiocre, et des fruits d'un travail journalier, qui ne doivent rien.

Cette classe est encore fortifiée par celle des hommes de couleur libres et propriétaires, voilà le parti de l'assemblée nationale, dans cette isle, c'est celui qu'il faut soutenir par tous les moyens réunis, vous avez encore un grand intérêt à ménager, et qui vous donnera des forces, je parle de l'intérêt du commerce de France, sacrifié depuis long-tems aux liaisons étrangères, et que nos colons préfèrent par la raison qu'ils y trouvent le moyen de frustrer leurs créanciers François d'une partie de leur récolte, prenez des mesures pour faire cesser cet abus, alors vous verrez se réveiller avec force, le zèle patriotique de nos grandes villes maritimes, la circonstance est favorable, car ne doutez pas qu'il n'y ait à Saint-Domingue un parti qui veut détruire toutes les barrières qui gênent son avidité, et que nos intérêts commerciaux n'y soient scandaleusement immolés à l'aide des circonstances actuelles ; ne doutez pas que l'indépendance ne soit encore le but secret vers lequel tendent les colons obérés de Saint-Domingue (1), ce moyen de s'acquiter,

(1) Ces vues d'indépendance sont si prononcées, que depuis le concordat entre les hommes de couleur et les blancs, quelques uns de ces derniers ont proposé aux premiers de se joindre pour y arriver. Voici à ce sujet l'extrait d'une lettre écrite à bord du vaisseau, le Borée en rade au Port-au-Prince, en date du 20 octobre, et insérée dans la gazette universelle du Samedi 31 Décembre 1791.

» Saint-Domingue a demandé des forces à tous ses » voisins. Les Anglois seuls ont envoyé de la Jamaïque » trois frégates et un vaisseau de 50 : deux frégates ont » été au Cap Le vaisseau et une petite frégate sont venus seroit si commode , voici ce qu'on pourroit faire pour s'opposer à ce désordre , et rattacher cette importante colonie à la France.

L'intégrité des côtes dans nos isles , résulte du concours de la vigilance du gouvernement et de celles des forces maritimes , car sans les secours extérieurs , leurs idées d'indépendance sont chimériques, ainsi voulez-vous défendre vos colonies , ayez des vaisseaux , voulez-vous protéger efficacement vos intérêts commerciaux, employez y des vaisseaux , voulez-vous enfin conserver vos colonies , ayez encore des vaisseaux. Mais assurez-vous de leurs chefs , des troupes citoyennes, et des vaisseaux patriotes, et toutes nos craintes cesseront ; c'est dans ces principes que je vous propose les moyens suivans.

» au Port-au-Prince ; ils n'ont pas plutôt paru , qu'on *n'entendit parler que d'indépendance , que de livrer la colonie* » *aux Anglois, les factieux du Port-au-Prince , ont* » *même fait des démarches à cette occasion , auprès des* » *mulâtres, pour les faire entrer dans leurs projets : ceux-* » *ci l'ont rejetté avec indignation , ils ont répondu qu'ils* » *vouloient vivre et mourir Français ; que bien loin de re-* » *cevoir les Anglais , ils seroient les premiers à les com-* » *battre, et que s'ils ne pouvoient sauver les colonies , les* » *conquérans ni trouveroient que des cendres.*

Je

Je vais les résumer en forme de loi, afin que vous en jugiez plus facilement, j'en développerai les avantages en me résumant.

Article I.

La force publique militaire dans l'isle de Saint-Domingue, sera portée à quatre mille six cent hommes de troupes, dont deux mille trois cent gardes nationaux des villes de Brest, Bordeaux et Nantes.

Art. II.

Douze cent gardes nationaux seront placés au Cap François ou province du nord, 600 dans celle de l'Ouest, cinq cent dans celle du Sud.

Art. III.

Le ministre de la marine autorisera le département de la Garonne, à faire passer sur les premiers vaisseaux expédiés de Bordeaux, ces compagnies de volontaires nationaux, à mesure qu'elles se seront formées, la contribution de cette ville en hommes, sera de douze cent, et leur destination pour le Cap François, conformément à l'article 2.

Art. IV.

La ville de Nantes et le département de

la Loire inférieure , auront les mêmes ordres pour six cent volontaires qu'ils feront passer au Port-au-Prince , par les vaisseaux du commerce.

Art. V.

La ville de Brest fournira 5oo hommes , lesquels passeront sur des gabares de la Nation qui seront armées exprès et incessament pour cet objet , le département du Finistère s'entendra avec l'ordonnateur de la marine pour ce transport.

Art. V I.

La station ordinaire de Saint-Domingue , sera renforcée de 12 bâtimens , 4 frégates et 8 corvettes , la garnison de ces douze bâtimens , sera renforcée de 1200 hommes d'infanterie qui seront repartis sur tous les bâtimens de la Nation , et qui ne pourront être employés à terre , que sur la réquisition du pouvoir civil et le consentement du commandant militaire du lieu , d'où il résultera que dans le besoin , les forces navales pourront sans être hors d'état de naviguer , fournir un secours effectif de deux mille hommes à la colonie , la situation sera mise sur le pied de guerre.

Art. VII.

Les douze bâtimens seront confiés à des sous-lieutenans de vaisseau qui n'étoient point ci-devant nobles, et le roi sera invité à remettre le commandement de la station de Saint-Domingue, à un officier dont les sentimens pour la nouvelle constitution soient connus, et comme le plus grand intérêt public dépend de ce choix, ce commandement ne pourra être confié qu'à un officier qui apportera un certificat de civisme de sa municipalité, visé par le directoire de son département, les loix militaires sur la hiérarchie des grades et le rang d'ancienneté seront suspendus, afin d'ouvrir une carrière plus vaste au choix du ministre. Les brevets et les rangs seront réglés pour cette campagne, et ce service réputé extraordinaire.

Art. VIII.

Les instructions données à ce commandant, seront communiquées au corps législatif; elles auront pour bases la protection due au commerce national, et la défense de la colonie contre toute attaque extérieure et intérieure, et pour prévenir toute inquiétude de la part de nos voisins et des puissances maritimes, ces mesures leur seront communiquées officiellement par le ministre des affaires étrangères.

Vous aurez ensuite trois partis importans à prendre, le premier de séparer le commandement militaire de mer et celui de terre, en les rendant chacun responsable.

L'Angleterre vous sert à cet égard de modèle et d'exemple, le second de faire une adresse aux colonies, qui leur rappelle tous les avantages qu'elles acquièrent par la révolution.

Le troisième d'envoyer des instructions et des pouvoirs aux derniers commissaires, relatifs aux dispositions et au parti que l'assemblée nationale aura pris.

Le concours de ces diverses dispositions vers un même but est sensible, cependant il peut être utile d'en développer l'esprit et les rapports.

J'ai fixé votre attention sur cette obscurité, sur cet état indécis, dans lequel la constitution place les colonies dans leur rapport avec la métropole, il étoit nécessaire d'éclairer ces détours, et de réintégrer le corps législatif dans ses droits à l'égard de ces parties éloignées de l'empire, et certes on ne peut nier la vérité des principes que j'ai posés, et la justesse et l'utilité des conséquences qui en résulte, par elles la question des colonies est résolue, et les pouvoirs et les droits de l'assemblée nationale déterminés et assurés.

Le premier usage de ce droit, devroit être de s'emparer des mesures déjà prises par le ministère, pour la conservation des colonies, dont en sa qualité de corps constituant, l'assemblée nationale devient responsable envers la nation, et tel est le but de la première mesure proposée ; la seconde fonde les droits de l'assemblé, et l'invitation aux députés de se joindre à elle, est une conséquence des principes, et le gage de la pureté des intentions du corps législatif, relativement aux intérêts des colons.

La troisième mesure n'est qu'une conséquence des deux autres, l'assemblée nationale considérant les colonies comme partie intégrante de l'empire, doit être gardienne et conservatrice des droits civils et politiques de tous les François qui les habitent, elle doit donc les préserver de toute atteinte de la force publique, dirigée par le pouvoir exécutif, et comment le pourroit-elle sans la réserve du droit de réquisition , c'est dans l'exercice de ce droit , que réside la liberté politique des colonies , il ne peut appartenir en France qu'à l'assemblée nationale , elle ne peut s'en dessaisir sans trahir son devoir et les intérêts de la Nation.

La quatrième mesure est fondée sur le principe d'une sage défiance , je la recommande à l'assemblée , au nom d'une vieille expérience , et d'une connoissance exacte de l'esprit général des colons ; n'avons nous donc pas assez de François , et devons nous confier la garde de nos plus précieuses richesses à des étrangers qui ne peuvent jamais avoir au même dégré , ces sentimeus de préférence et d'amour que nous inspire pour sa gloire et ses intérêts , la Nation et la patrie qui nous vit naître ? la prudence ne nous dit-elle pas qu'à de si grandes distances nous ne devons prendre confiance qu'en ceux qui nous laissent en quelque sorte des ôtages ; un étranger vous donne sa parole , je la respecte , mais un François vous laisse encore sa fortune , sa femme , ses enfans , sa famille , ses amis , et dans ses tems d'aveuglement et d'esprit de parti , tous ces gages seront à peine une caution suffisante ; mais enfin veut-on de cet article une raison plus déterminante, je dirai à l'assemblée ; interrogez le ministre de la marine : *il vous dira que les colons sollicitent l'envoi de troupes étrangères, et que le régiment de Berwick a été désigné* (1).

Je dois maintenant passer au décret d'exécution qui contient les moyens conservatoires et décisifs appropriés aux circonstances dans lesquelles se trouve Saint-Domingue.

Ce décret porte sur ce principe, voulez vous éteindre une passion, ôtez lui l'espérance ; trois sentimens causent les troubles de Saint-Domingue, la cupidité qui veut s'enrichir dans les relations extérieures étrangères, l'aristocratie qui veut renverser la constitution françoise, l'amour de l'indépendance dans les esclaves qui courent à la liberté.

Par les moyens maritimes j'enlève aux premiers leurs ressources par les gardes nationales, je fortifie le parti des bons françois et je désespère les autres.

Par les troupes de ligne, je donne au gouvernement la force de maintenir le régime intérieur du pays et de réprimer les révoltes des esclaves.

(1) Voyez la note de la page 12.

(24)

Par l'ensemble de ces mesures , enfin j'assure la paix au-dehors , la tranquillité au dedans , et les intérêts généreux de la mère patrie et ceux plus particuliers de nos commerçans (1).

Je crois qu'il est difficile à tout homme de bonne foi de ne pas reconnoître dans le concours de moyens et de mesures que je viens d'analiser, des avantages que les autres dispositions ne tendent qu'à rendre plus certaines; celle dans laquelle je propose de séparer le commandement de mer de celui de terre , a besoin d'explication.

Elle est fondée sur la connoissance que j'ai du service des stations dans les Colonies.

Les forces maritimes sont le moyen conservateur des intérêts du commerce de France , on s'est toujours trompé ici sur la sorte de surbordination dans laquelle cette force devoit être du gouvernement des Colonies.

(1) Je regarde ces mesures comme provisoires pour fonder une paix durable dans les colonies , il faut remonter à la source du mal , c'est ce que nous ferons dans la seconde partie. Nous écrivons aujourd'hui sous la dictée de la nécessité , il faut couvrir le feu avant que de remédier au dommage. (*note de l'auteur*)

L'exemple des Anglois, si long-tems perdu pour nous, est fondé à cet égard sur ce principe, que le gouvernement intérieur est toujours pour les Colons, qui savent bien s'influencer les négocians de la métropole; on dit, nous aurons pour nous la marine ou *la force extérieure*. Ces deux autorités sont donc séparées dans les isles, sauf la responsabilité des deux chefs, et c'est avec cette condition que je la propose. Le lord Hood commandoit les forces navales des Anglois lorsque Saint-Christophe fut attaqué. Le général qui commandoit dans les isles, dit à l'amiral, si vous me transportez avec 1500 hommes, je sauverai Saint-Christophe. Hood étoit le maître de refuser; mais il devenoit responsable, le danger étoit grand; Hood n'avoit que 18 vaisseaux, de Grasse en avoit 30. Hood prend les 1500 hommes, les débarque sur l'isle attaquée, se couvre de gloire, et le général des troupes de terre forcé de fuir sur les même vaisseaux qui l'avoient apporté, demeura seul responsable de l'événement.

J'invoque encore ici les principes, le despotisme divise les hommes pour les asservir, le régime de la liberté divise les pouvoirs pour assurer les droits des hommes.

Confiez les intérêts du commerce et la garde des côtes à vos marins, ils ne doivent point se mêler de l'intérieur ; mais s'ils en dépendent immédiatement, craignez les coalitions, les dissentions, et ce rejet des fautes jusques sur celui qui trouve toujours des excuses ou dans sa puissance ou dans sa nullité ; les grands pouvoirs n'ont jamais torts, et les petits se sauvent souvent par leur petitesse même. Je crois inutile de pousser plus avant ce commentaire, le tems presse, n'en perdons pas dans la dispute, que tous les intérêts de l'amour propre se taisent, accueillons la vérité sans nous informer de celui qui la présente, marchons tous sous la bannière de l'intérêt public, c'est là le vrai palladium sous lequel nul revers n'est à craindre, sous lequel nous serons tous heureux, invincibles et libres.

Après tant de jours de gloire, lorsque l'univers entiers nous regarde, oserions-nous dégénérer de nos premiers efforts, de nos premiers sacrifices dans la grande entreprise de l'affranchissment de l'espèce humaine. Représentans d'un peuple libre, regardez autour de vous et n'oubliez pas ce que peut une grande nation ; *sachez-vouloir* et n'en doutez pas, nous saurons agir: mais on m'a fait une objection, on oppose à l'obscurité dans laquelle je prétends que nous laisse l'acte constitutionnel sur l'état et les rapports politiques des Colonies envers la France, le fameux décret du 24 septembre, qui fixe, dit-on, d'une manière précise et constitutionnelle, cet état, et ces rapports au très-grand avantage de la métropole.

Eh bien ! Examinons ce décret dans toutes ces circonstances, ce décret dicté par tant de passions, ce décret qui agravera les désordres dans les Colonies, ce décret qui ne fait que changer le camp de la discorde, ce décret qui faisant tomber des mains des hommes de couleur le pavillon national, les forcera d'arborer pavillon ennemi, ce décret qui ne nous laissera d'amis d'aucune couleur à Saint-Domingue. (*a*)

Qu'importe, me dira-t-on ? Il répond à vos assertions, il lie les Colonies à la France, il assure à la nation la suprématie que vous craignez de voir passer en d'autres

____

(a) Cette opinion a été communiquée au comité des colonies de l'assemblée vers la fin du mois de novembre, ses événemens ne l'ont que trop justifié.

mains ; vos reproches sont vagues, l'intention du décret est positive, et ce décret est
constitutionnel, il a été présenté à l'accep-
tation du roi.

Voici plusieurs observations, on y trouvera
ma réponse.

1°. Que, sans le décret du 15 mai sur les
gens de couleur, dont on vouloit suspendre
l'exécution, après avoir provoqué contre lui
tous les genres d'oppositions, le décret du
24 septembre n'existeroit pas (1).

(1) Ajoutez que ce décret n'a été rendu que sur les exposés du rapporteur du comité colonial, (que les événemens
ont démenti;) tels que ceux-ci : 1°. *Que tous les hommes de
couleur du port-au-prince et des environs ayant eu connoissance du decret du 15 Mai, s'étoient assemblés, et avoient
arrêté qu'ils ne vouloient pas jouir du bénifice de ce décret
et qu'ils laissoient aux blancs le droit de statuer sur leur sort.*

Cependant c'est dans ce même lieu, au port-au-
prince, où les mêmes hommes de couleur ont fait les plus
grands efforts pour reconquérir leurs droits, et où s'est
enfin passé ce concordat à jamais mémorable.

2°. M. Barnave affirmoit encore *que tous les habitans de
la colonie ne formoient qu'un vœu pour faire retirer le decret
du 15* : et cependant on voit par le traité du Port-au-Prince
entre les citoyens de couleur et les citoyens blancs, que
tous les habitans et propriétaires blancs de la partie de

2°. Qne dans le travail profondément médité des comités de révision et de cons-

l'Ouest, ont acquiessé et signé l'acte qui rend aux hommes de couleur leurs droits.

3°. Le parti qui dans cette affaire est parvenu à égarer l'Assemblée nationale ne cessoit de répéter, *qu'il falloit vne classe intermédiaire dans les colonies, et que si jamais les hommes de couleur avoient les droits politiques, les colonies étoient perdues, parce que les esclaves se souleveroient.* Cependant on a vu par expérience le contraire; car les esclaves s'étant révoltés au cap par des causes qui seroient trop longues à détailler ici, l'assemblée coloniale ne crut pas devoir employer de meilleurs moyens pour arrêter cette insurrection, qu'en prenant des arrêtés pour l'exécution du décret du 15 Mai. C'est-à-dire du même décret qui selon M. Barnave, devoit faire soulever les esclaves.

Enfin l'expérience a démontré que les parties de l'Ouest et du Sud n'ont été garanties de la révolte des esclaves, que parce que dans la première de ces parties, on y a reconnu les droits des hommes de couleur, et que dans la seconde, ils n'y ont pas été contestés par des factieux et des intrigans, comme dans la partie du Nord. Et quand à la classe intermédiaire, si utile selon M. Barnave, pour la conservation des colonies, on doit voir par le discours du maire du Port-au-Prince, après le traité du Port-au-Prince, qu'une seule phrase a détruit cet intermédiaire, et que la colonie n'a été que plus tranquille. Voici la phrase.

» Citoyens de couleur, mes amis, vous perdez ici » cette dénomination; *il n'existe plus de distinction, plus* titution , il n'y a pas eu un seul mot qui se rapporte à ce décret.

3º. Que l'acte constitutionnel sur lequel et par lequel l'assemblée nationale législative à juré, dans cet acte accepté par le roi, dans cet acte que tout françois possède et qui se répand avec profusion sur toute la terre, dans ce rudiment de tout citoyen, il n'est question des Colonies que pour les excepter de cette loi fondamentale de toutes les loix.

4º. Que la constitution ayant été acceptée et jurée par le roi le 14 septembre ; elle est devenue obligatoire pour tous les François sans exception ; et *qu'à cet époque l'assem-*

» *de différence*, nous n'aurons à l'avenir, *tous ensemble,* » qu'une même qualification, celle de citoyen.

M. Barnave a encore eu la bonhomie de présenter dans son rapport, la classe des hommes de couleur, comme n'étant qu'au nombre de 6000 dans toutes les colonies , lorsqu'il est prouvé qu'à Saint - Domingue seulement ils sont 40,000. Il les présentoit comme privés de toutes lumières, et ils ont fait le concordat du 11 Septembre.

On se dispense de citer toutes les erreurs de M. Barnave dans ses exposés on ne finiroit pas. Mais il suffit de ceux qu'on vient de lire, pour prouver que le décret du 24 Septembre doit être révoqué.

blée n'a pu faire une loi constitutionnelle pour les Colonies, sans s'appuyer elle-même sur ce principe que nous invoquons, sans se considérer à leur égard comme pouvoir constituant, bien qu'elle ne fût plus à l'égard du reste de l'empire que corps législatif.

En effet, avant que la constitution coloniale soit connue et acceptée, le pouvoir constituant doit résider quelque part, on invoque la loi qui associe les deux pouvoirs; lorsqu'il s'agira de légaliser la constitution des colonies ; quelle qu'imprudente que soit une telle loi, si le pouvoir législatif ne la révoque pas , il s'en suit seulement que le pouvoir constituant que je réclame en faveur de l'assemblée nationale sur nos colonies, doit être exercé au nom des deux pouvoirs ; mais alors au moins , l'initiative appartiendra au pouvoir législatif , et rien de plus important pour la nation dans ces circonstances.

Ainsi la loi même du 24 septembre , est une autorité de plus en faveur de mon opinion , sur le caractère que doit prendre l'assemblée législative dans les affaires des Colonies.

Si j'examine plus attentivement les dispositions du décret du 24 septembre , je trouve encore d'autres moyens de fonder l'opinion que j'ai avancé.

Par cette loi article premier. Je vois qu'à l'assemblée nationale législative, est confié le soin d'assurer *le maintien des Colonies par des moyens de surveillance* ; et plus loin , de faire *les loix qui concernent leur défense.* Or, qu'est-ce que je vous propose? d'user textuellement de ce droit : je veux dire d'assurer *le maintien des Colonies par des moyens de surveillance et de défense.*

Cependant vous laissez échapper ce droit en perdant de vue tous ceux que votre caractère principal vous donne sur ces grands intérêts ; vous portez atteinte à votre propre considération , en montrant je ne sais quelle timidité de vous mêler d'une affaire où la fortune publique est si griévement compromise.

L'article trois, du décret cité , dépouille la nation du droit de statuer sur le sort *des personnes non libres ,* et sur l'état politique *des hommes de couleur et négres libres* ; mais l'insurrection des esclaves le lui restitue, les Colons l'ont bien senti lorsqu'ils ont mendiés des secours de toutes les nations , hors ceux de la mère patrie ; les défiances les raisons qui ont fait solliciter cet abandon, l'esprit de parti qui au mépris de la justice et de l'honneur national, a flétri les derniers jours de l'assemblée nationale constituante, par cette honteuse concession, cette aveugle condescendance, tout cela disparoît avec les auteurs et les fauteurs de ces loix fatales.

Le droit imprescriptible de la nation sur ces parties, les principes d'éternelle justice, je dis plus aujourd'hui, l'intérêt de ces mêmes hommes qui vouloient être indépendans de vous ; tout vous ordonne de reprendre un droit qui n'a pû être aliéné ; soyez les maîtres dans les Colonies ou leur destruction est inévitable, protégez-y tous les hommes, et souvenez vous que le premier de vos devoirs est la défense de l'humanité, est la conservation des sources de nos richesses.

Pour y parvenir il vous faut un grand *pouvoir*, et cette vérité me ramène aux moyens que je vous ai proposés ; ainsi donc, l'objection qu'on m'a faite, ajoutez à l'évidence de vos droits, et à la nécessité où vous êtes d'en user sans retardement (1).

______

(1) Cette opinion devoit être lue à la bare de l'assemblée nationale, on s'est ensuite borné à la communiquer au comité des colonies. Sa publicité en faisant connoître l'avis général, décidera peut-être l'assemblée nationale, que les patriotes doivent soutenir de toutes leurs forces dans la situation difficile, où les fautes de l'assemblée constituante l'ont placeé ; situation dont les mesures les plus vigoureuses peuvent seules la tirer. Mais sa tâche dans cette grande affaire, ne se termine pas à l'emploi de la force publique, cette manière violente de réprimer les désordres, est aussi celle de la tyrannie, et sous un régime de liberté, c'est avec douleur qu'on doit recourir à de tels moyens, alors que vous aurez ramené dans vos colonies la tranquilité de la terreur, songez que vous devez y fonder sur une autre base la paix sociale. C'est en marchant vers ce but que vous expierez les crimes des générations passées, et celui que vous allez commettre en cédant à l'impérieuse loi des circonstances.

Nous proposerons dans la seconde partie des moyens de rappeller la *paix*, la prospérité, la sécurité dans ses malheureuse contrées dévastées aujourd'hui. par les fléaux réunis de l'orgeuil et de la vengeance, et ces moyens seront dignes de l'assemblée nationale, et des François éclairés et des François libres. *(note de l'auteur)*

Fin de la première partie.

SUITE

DES MOYENS

PROPOSÉS

A L'ASSEMBLÉE NATIONALE,

POUR RÉTABLIR,

LA PAIX ET L'ORDRE,

DANS LES COLONIES.

Par ARMAND-GUY-KERSAINT,

Député suppléant, administrateur au département de Paris, chef de division des armees navales.

A PARIS,

Chez les Directeurs de l'Imprimerie du Cercle Social, rue du Théâtre François ;
Et chez les principaux Libraires de l'Europe.

1792.

DEUXIÈME PARTIE.

Vues nouvelles sur les Colonies, et les Colons.

Après. avoir présenté les moyens de rattacher Saint-Domingue à la France en ren-
versant par des mesures vigoureuses les projets
de ses ennemis. Il nous reste à résoudre
une question , dont la solution renferme
les destinées des Colonies , des Colons *et
même* de la France sous plusieurs rapports.

Dans la supposition d'une insurrection
générale des esclaves dans les Colonies , on
se demande quel seroit le meilleur parti à
prendre ? Nous espérons qu'en ce moment
cette question est hypothétique. Mais en ju-
geant de l'avenir par le présent et le
passé , on peut prévoir quelles n'échappe-
ront pas à l'ascendant des idées révolution-
naires ; c'est donc servir tous ceux que ce
grand événement pourroit atteindre , que
d'en examiner la probabilité , et d'indiquer
à l'avance les moyens d'en affoiblir les

A

fâcheuses conséquences pour tous les intéressés.

L'on ne peut se dissimuler que le jour où la nation française a proclamé ces paroles sacrées : *les hommes naissent et demeurent libres et égaux en droit*, elle n'ait brisé les fers du genre humain ; l'action de cette vérité qui doit niveler le monde, a dû premièrement frapper sur nous mêmes ; les craintes de nos Colons sont donc fondées en ce qu'ils ont tout à redouter de l'influence de notre révolution sur leurs esclaves. Les droits de l'homme renversent le systême sur lequel reposoit leur fortune ; qu'on ne s'étonne donc plus s'ils en sont devenus les plus ardents ennemis, ils ont raison d'y lire leur condamnation ; mais ils se trompent en un point, je veux dire dans l'espoir d'échapper à ce danger en changeant de maître ; c'est en changeant de principes qu'ils sauveront leur vie et leur fortune, et non par les moyens combinés de la persécution et de la terreur. Justice ! Justice ! Le règne de la force est fini, que les Colons se convertissent à la raison tandis qu'il en est encore tems ; mais, dit-on, cette conversion est inespérable. Il faut cependant avoir le courage de l'entreprendre, il faut braver les clameurs de la prévention, oser dire la vérité, la rendre sensible à tous et laisser au tems le soin du reste.

Je ne suis point de la société des amis des noirs ; mais comme ami de tous les hommes, l'objet des travaux de cette société, ne m'est point étranger ; l'amélioration du sort des Affricains transportés dans les Colonies Européennes m'a toujours paru le sujet le plus digne d'exciter le zèle de tout être né sensible aux souffrances de ses semblables ; et je n'écris point pour ceux-là dont l'orgueil inhumain refuse ce titre aux négres infortunés, ravalés par les châtimens et la servitude à la condition de nos plus malheureux animaux domestiques.

Mais que ce premier mouvement de pitié pour eux ne trouble point les Colons entre les mains desquels cet écrit tombera.

J'ai beaucoup vécu dans les Colonies, j'ai possédé des esclaves noirs, une partie de ma fortune est encore dans ce pays, je n'en puis donc vouloir la destruction. Planteurs qui me lirez, dites vous : il a les mêmes intérêts que nous et ses opinions sont différentes, voyons, examinons ; il s'agit ici des plus chers intérêts de la vie, et la partialité, la prévention peut tout perdre sans retour ; on n'exige point que vous adoptiez ces opinions sans examen ; mais c'est au nom de vos femmes, de vos enfans, de votre bonheur, de la patrie qu'on vous conjure de ne pas fermer vos yeux au jour de l'évidence, et de vous rappeller que dans les révolutions des nations, les préjugés, ce ciment de toutes les institutions vicieuses, perdent leur force, et comme votre puissance sur vos esclaves étoit toute d'opinion, cette opinion renversée vous avez tout perdu, et ce n'est qu'en adoptant des opinions opposées que vous pourrez parvenir à tout conserver ; ne repoussez donc pas les idées nouvelles, mettez votre confiance dans quelques-uns d'entre vous, car le remède aux malheurs qui vous menacent ne peut être préparé et administré par la main de tous, il vous faut un législateur qui réunisse la confiance des blancs et celle des négres, et vos assemblées Coloniales n'obtiendront jamais cette double autorité sans laquelle aucun bien n'est espérable et pour eux et pour vous même.

Je ne prétends pas à l'honneur de vous

donner de nouvelles loix, mais je vous aurai rendu un important service, si je vous persuade que vous ne pouvez plus exister par vos loix anciennes, et c'est ce que je me propose.

Si l'insurrection des négres contre les blancs dans les Colonies est générale, rien ne peut en arrêter les effets dans un point sur-tout, et c'est le point capital, la ruine des Colons propriétaires.

Il ne s'agit pas ici de récriminer contre les fauteurs de cet événement, que les uns attribuent aux amis des noirs, les autres à leurs ennemis, mais de trouver s'il se peut un moyen d'en prévenir les suites pour tous les intéressés.

La révolte est un fruit de l'esclavage, comme le gage de la paix est dans la justice et la liberté.

Colons blancs, maîtres orgueilleux, et vous négres infortunés vous êtes tous des hommes, les mêmes malheurs vous menacent et quelque soit le vainqueur, s'il s'abandonne à la vengeance, il en sera la première victime.

Saint-Domingue va devenir la proie de tous les fléaux, la famine, la guerre et les maladies dévorantes y moissonneront ensemble et sans distinction de couleur tous les habitans. Les champs sans culture, les propriétaires sans revenus, les villes sans commerce, livreront incessamment les habitans à la merci du gouvernement dans les divers points des côtes où chacun d'eux sera venu chercher un réfuge contre la rage des esclaves, appellés à la liberté par la haine et l'espoir de la vengeance.

Bientôt les négres eux-mêmes, après avoir épuisé les ressources du brigandage, et distraits par la guerre des travaux de la terre, éprouveront la disette des subsistances, la mort les enlevera par milliers, et leur rage accrue par l'excès de leurs maux, ne connoissant plus de bornes, ils acheveront de détruire tout ce qui fut à leurs implacables maîtres; à ce moment se consommera la ruine de ce beau pays, et l'anéantissement absolu des richesses qui fondoient sa prospérité.

Esclaves, hommes de couleur libres, Colons blancs, propriétaires tous réunis dans un malheur commun, tous victimes de vos passions et de vos préjugés, vous ne vous raprocherez que sur des monceaux de cendres, et déplorans tous, mais trop tard, votre aveuglement , vous préterez envain l'oreille aux conseils de la sagesse lorsqu'elle n'aura plus à vous offrir que des larmes et des regrets impuissans.

Dans le tumulte des passions qui vous égarent en cet instant, je tenterai vainement sans doute de vous rappeller à vos véritables intérêts, cependant je vais l'essayer.....

Aucun des sentimens qui vous dominent ne me sont étrangers, long-tems j'ai vécu parmi vous, le sort des différentes classes d'hommes qui composent votre état social fut souvent le sujet de mes réflexions, je m'étonnois de votre sécurité lorsque vous ne soupçonniez pas même qu'on pût rien blâmer dans cet ordre de chose en contradiction avec la nature, et avec lequel l'habitude vous avoit familiarisé ; je vous comparois souvent dans ma pensée à ces hommes qui cultivent les côteaux du Vésuve, et que l'exemple de leurs pères ensevelis sous les laves n'a pas rendus plus circonspects , témoins de ce régime sévère et fréquemment cruel à l'aide duquel vous croyez devoir retenir dans la subordination vos nombreux esclaves : je me suis dit, malheur à ceux qui seront ici au jour des vengeances.

A 4

Ce jour est arrivé, les innocents même vont périr pour expier les crimes des coupables qui ne sont plus. Ecoutez, écoutez la voix de la raison et de l'humanité, l'intérêt de la patrie, des colons propriétaires et des hommes sans exception de couleur est ici le même; je vais donc parler pour tous, faites taire un moment la voix des préjugés, du ressentiment, et sur-tout de cette politique mal entendue qui trop long-tems a dirigé le gouvernement dans la police et l'administration intérieure des colonies; ne croyez pas qu'il n'y ait pour elle qu'une seule manière d'exister et que cette meilleure manière soit leur ancien régime. Ce régime vous a-t-il préservés des conjurations des esclaves, et si vous en avez toujours prévenu l'effet général, combien d'entre vous sont morts victimes de leurs vengeances particulières, par le fer ou le poison, combien de vous ce sont vus ruinés par le ressentiment et la haine de leurs nègres, et ces malheurs partiels ne vous disent-ils pas ce que vous devez craindre de l'avenir? je vous rappelle à regret ces vérités cruelles, mais il faut vous servir et non pas vous flatter.

Entrons en matière et commençons par établir ce que demandent les parties intéressées dans ce grand conflit.

La mère patrie veut des produits et des consommateurs, les colons des revenus et des propriétés, les hommes de couleur et les nègres, justice et liberté.

Voila les données du problême qu'il faut résoudre ; il est difficile, mais non pas insoluble (1).

Note de l'éditeur.

(1) Ici commence le plan de l'auteur pour parvenir à l'affranchissement des esclaves ; il le présente en grand, et ne lui donne pas ici tous les développemens dont il est susceptible : peut-être cela fera-t-il paroître les premières bases qu'il pose vicieuses ; peut-être même y faudra-t-il quelques changemens ; peut être enfin pourra-t-on trouver d'autres moyens, ou en combiner de nouveaux avec les siens. Mais avant tout, une mesure préparatoire est indispensable dans les circonstances actuelles.

Les esclaves sont en insurrection dans la colonie de S. Domingue, et cette insurrection non-seulement a produit de grandes dévastations, mais encore elle en fait craindre de plus grandes, et la suspension totale des travaux d'agriculture. Il faut donc commencer par ramener les esclaves sur les habitations et à leurs travaux journaliers. Pour y parvenir, rien ne nous paroît plus propre qu'une proclamation au nom de l'assemblée nationale, qui déclarera qu'elle va

Nous allons d'abord suivre séparément chacun de ces intérêts, ensuite nous présen-

s'occuper de l'amélioration du sort des esclaves, immédiatement après qu'ils seront rentrés dans l'ordre sur les habitations, et qu'ils auront paisiblement repris leurs travaux. Cette proclamation doit être suivie d'une amnistie générale pour tous les esclaves insurgés qui rentreront dans un délai donné. Et pour leur prouver les intentions de l'assemblée à leur égard, on fera exécuter, à la rigueur, quelques articles de l'édit de 1784, tels que ceux-ci :

Défense de faire travailler les esclaves les fêtes et dimanche, ni avant et après le jour, sous quelque prétexte que ce puisse être.

Défense à toutes personnes, même les maîtres, de frapper leurs esclaves avec des bâtons, en sorte qu'il en puisse résulter fracture ou contusion ; dans ce cas, les autours en seroient poursuivis criminellement.

Enjoindre aux maîtres d'esclaves d'accorder, par semaine, aux mères de plusieurs enfans, autant de jours de repos ou de travail à leur bénéfice qu'elles ont d'enfans.

L'exécution de ces dispositions comprises dans cet édit humain, quoique fait sous le règne du despotisme, va faire jetter les hauts cris à quelques colons barbares, qui, par une gradation de crimes, en sont venus au point de ne ne plus voir, dans ces malheureuses victimes de leur cupidité, que des bêtes de

terons nos idées sur les mesures qu'il con-
viendra d'adopter pour les accorder avec

somme , de la propriété desquelles ils peuvent disposer selon leurs caprices.

Mais rappellons à ces colons leurs premiers titres
à la possession de leurs esclaves ; montrons-leur l'édit
de Louis XIII, qui leur concéda le droit de pouvoir
posséder des esclaves ; et à quelles conditions cet édit
fut donné , et voyons s'ils en ont rempli les conditions, et s'ils les suivent.

Les premiers colons , après avoir détruit la race
indigente de ces contrées , imaginèrent d'acheter des
hommes d'Afrique pour faire cultiver leurs terres.
Mais, comme il devenoit difficile de se faire autoriser
à un trafic aussi barbare , on prit, pour y réussir, le
masque de la religion. On dit que les seuls moyens
d'amener ces peuples à la foi chrétienne, c'étoit
de les faire passer dans nos colonies pour les y
instruire à la culture et les convertir. On promit d'en
avoir le plus grand soin , de les nourrir, de les vêtir,
de les traiter comme un père ses enfants ; enfin de
les rendre à la liberté, lorsque leur instruction seroit
achevée. A ces conditions , Louis XIII consentit à
permettre cet espèce d'esclavage. Voilà colons, l'origine de vos droits de propriété sur vos esclaves ;
voilà l'acte primordial. En avez-vous rempli les clauses
et les obligations contractées avec le gouvernement
et les malheureux qu'il vous autorisoit à avoir comme

l'esprit d'ordre à des principes d'éternelle justice dont un peuple libre ne doit jamais

esclaves? Non jamais, car quoiqu'on vous ait envoyé des missionnaires, vous n'avez point fait instruire ces malheureux néophites, parce que le tems donné à leurs instructions, auroit privé votre cupidité, et que l'instruction donnée et reçue étoit le terme de votre propriété.

Les avez-vous nourris sur le produit du travail qu'ils vous donnoient? Non, il leur a fallu pour cela un nouveau tems de travail pris sur les heures et les jours destinés à leurs repos? Leur avez-vous fourni des vêtemens pour les couvrir avec la décence qu'exige la pudeur? Non, s'ils s'en sont procuré, c'est en se faisant, par leur sobriété, un petit superflu des vivres qu'ils avoient cultivés pour se nourrir, et qu'ils troquoient ensuite pour quelques lambeaux de grosse toile.

Les avez-vous enfin traités comme des enfans qu'un père veut instruire? Non, cruels, vous les avez impitoyablement déchirés à coups de fouets, pour obtenir un travail, qui, quoiqu'au dessus des forces humaines, ne satisfaisoit pas encore votre cupidité. Vos traitemens envers eux ont été si atroces, depuis l'époque où Louis XIII vous permit d'en avoir jusques vers le milieu du règne de Louis XIV, que vos administrateurs, qui en étoient les témoins oculaires, furent obligés de solliciter de ce despote des loix qui

s'écarter dans ses déterminations nationales.

vous ôtoient l'arbitraire que vous exerciez sur vos
esclaves. Et quoique ces loix se ressentissent de l'esprit du despote qui les avoient dictées, vous les
avez continuellement enfraintes, parce que vous ne
les trouviez pas assez vexatoires pour votre cupidité,
toujours plus cruels à mesure que vous avanciez.
M. d'Enery, témoin d'une foule de cruautés, solli-
cita, avant de mourir, l'édit de 1784, dont j'ai parlé
plus haut; cet édit juste fut presque foulé aux pieds,
ne fut enregistré qu'avec beaucoup de peine, et ne
fut jamais exécuté. Voilà donc trois édits que vous
avez osé méconnoître, et vous vous êtes enhardis de
la foiblesse du gouvernement des colonies.

Vous osez aujourd'hui vous flatter de faire reconnoître ce droit barbare par le sénat d'un peuple
libre. Quel est donc, colons, votre aveuglement?
Quoi! seroit-ce donc à la fin du dix-huitième siècle,
au moment que tout s'ébranle pour renverser toute
espèce de tyrannie, où tous les hommes se lèvent
pour recouvrer leurs droits, que vous prétendriez
river les fers de ceux que le sort a mis dans
votre dépendance pour satisfaire vos passions?
Quelle erreur est la vôtre : sortez, colons, de cette
absurde prétention, il en est tems encore pour vos
intérêts, et hâtez-vous d'adopter les sages mesures
qui vous sont proposées, et qui, en protégeant vos
vies, conserveront vos propriétés. Considérez, avec

Section I.

De l'intérêt de la mère patrie dans l'état présent de nos colonies.

Je l'ai dit, la France veut des produits et des consommateurs, elle entretient à grands

quelle rapidité, la liberté va parcourir le monde entier. N'attendez donc pas que vos esclaves fassent tomber, avec violence, de vos mains votre sceptre de fer ; car ils pourroient ensuite le faire peser sur vous.

Ils ne sont pas assez instruits, me direz-vous, et nous saurons les contenir ? Ils ne sont pas instruits : Ah ! comparez ce qu'ils sont dans ce moment avec ce qu'ils étoient il y a dix ans, et jugez des progrès qu'ils vont faire : ajoutez à cette circonstance que votre orgueil, qui vous feroit impolitiquement refuser aux hommes de couleur les droits qu'ils réclamoient et qu'ils ont obtenu par la force, accélérera votre perte si vous ne la prévenez. Mais nous saurons, dira votre orgueil, faire rentrer ces hommes de couleur dans la subordination ? Sera-ce avec vos propres forces ? vous en connoissez l'insuffisence. La métropole, à qui vous pouviez appartenir, vous fournira-t-elle éternellemenr une armée et des vaisseaux pour les contenir? En ce cas, les dépenses où cela l'entraîneroit, ruineroit d'hommes et d'argent

frais une armée de mer, des troupes coloniales, un gouvernement pour se conserver
en propre le produit de ces établissemens
lointains, et la consommation exclusive de
leurs habitans; le système prohibitif est dans
la nature même de ces sortes de colonies
que l'on ne doit considérer que comme des
manufactures nationales, dont la nation a
le droit de se réserver le travail à certaines
conditions, parce qu'elle leur fournit la
matière première, et cette manière simple
d'envisager les isles à sucre éclaircit d'abord
la question, et réfute tous les raisonnemens

la nation qui auroit la folie de la tenter ; et, en
supposent même cette armée et ces vaisseaux,
vous ne seriez pas en sûreté. Car si vous aviez encore
la mal-adresse de vouloir avilir les hommes de couleur,
et le malheur de les ramener sous votre joug, vous
les porteriez au désespoir. Alors ils se jetteroient dans
la parti de vos 600 mille esclaves, et vous n'auriez
pas pour vingt-quatre heures d'existence. Réfléchissez,
colons, et profitez enfin du seul parti qui vous reste
à prendre pour conserver vos biens et vos vie, en
commençant par améliorer le sort de vos esclaves ; et
à les mener, sans secousse, à une liberté semblable
à celle des fermiers qui cultivent avec leurs bras vos
terres à moitié.

employés par les partisans de leur indépendance politique et commerciale. On ne
fait pas assez d'attention que le sol ou la
nue propriété de ces pays n'est aliéné qu'à
la condition tacite de la dépendance.

Les terres des colonies, ces riches propriétés ont toutes été concédées par le gouvernement, suivant certaine clause qui les
ramène dans le domaine national faute
d'exécution, cette circonstance est de quelque poids en faveur de la souveraineté de
la métropole, si l'on y ajoute les droits que
la nation s'est acquise par la garde et la
défense de ces possessions, pour lesquelles
elle a soutenu les guerres les plus dispen-
dieuses, si l'on y ajoute cette immense hipo-
thèquo des avances annuelles et successives
du commerce national aux cultivateurs colons, l'on s'étonnera peut-être de l'audacieux
sistème d'indépendance absolue de commerce
proffessé par quelques propriétaires américains, et soutenu en France par des hommes apôtres nés de toute idée nouvelle,
quelque dangereuse qu'en puissent être les
conséquences ; que les colons remontent au
titre primordial de leurs propriétés, il leur
rappellera ce qu'ils doivent à la mère patrie

ils y trouveron un lien que l'ingratitude
et la force peuvent essayer de rompre, mais
que la reconnoissance et la justice respec-
teront toujours.

Je sais tout ce que la philophie spéculative
peut oposer à cette opinion ; mais quelque
soit mon respect pour ces principes généraux
qui renferment dans leur conséquence le per-
fectionnement de l'état social, principes qu'il
est du devoir des sages de soutenir et de
propager avec toute la force de la raison ,
cependant les colonies modernes dans les
Isles de l'Amérique, diffèrent à tant d'égards
des colonies anciennes , et même des modernes établies en Asie et sur le continent
du nord de l'Amérique ; leur dépendance
de la mère patrie est tellement liée à l'existance de leur sistème social actuel, que j'ose
en faire une classe à part d'établissemens ,
je les compare à des mines exploitées dans le
sein de l'empire même ; mais qui par leur
étendue seroient devenues des espèces de
provinces souterraines qui ne produisant rien
que du minerai, le changeroient avec les
hommes de la surface de la terre pour des
vivres et des vêtemens , je le demande, ces
mineurs auroient-ils le droit de pretendre

s'affranchir de cette dépendance si naturelle établie sur les besoins réciproques, et s'ils vouloient se donner des loix à part, enlever le produit de leur travail à leurs concitoyens, dontils seroient les débiteurs, se réunir à quelqu'autres peuples, pourroit-on accueillir une telle prétention? il me semble que les avis ne se partageroient pas sur cette question, cependant celle de nos colonies à sucre est de tout point la même, et c'est dans cette similitude que je trouve le principe de leur subordination au gouvernement de la Métropole, cependant on veut les en affranchir, on les confond avec les provinces de l'Amérique du nord et les colonies des peuples anciens, et les colons ayant su mettre à profit cette double erreur, ont fait adopter à l'assemblée nationale constituante des dispositions véritablement subversibles de tous les intérêts du commerce de France, et très favorables aux vues de ceux qui veulent l'indépendance.

Je sais que Grotius prétend que les colonies sont *un nouveau peuple qui nait dans l'indépendance*, mais pour balancer cette autorité par une autre, je citerai Montesquieu qui vaut bien Grotius, Montesquieu approuve la dependance dans laquelle nous retenons les nôtres , *parce qu'il les considère comme établissement de commerce* , ces deux grands hommes ont également raison.

Les colonies analogues et qui se sont formées en quelque sorte du trop plein de la population des nations dont elle sont sorties, peuvent arriver à l'indépendance par les mêmes lois qui conduisent dans la famille les enfans à l'émencipation de l'autorité paternelle.

Telles furent en général les colonies grecques, telles étoient et sont encore les colonies anglaise dans le nord de l'Amérique , et nous conviendrons volontiers que le tems étoit arrivé pour les Américains de prendre leur place parmi les nations suivant le droit que leur en donnoit la nature et leurs forces ; mais nos isles à sucre, loin d'avoir une force intrinsèque, une population à elles, ne se soutiennent qu'en se recrutent perpétuellement parmi nous, ne se défendent qu'à l'aide de nos armées , ce n'est donc qu'en multipliant chez elles les hommes libres qu'elles pourront s'élever un jour à la liberté politique ; mais j'observe qu'ici les intérêts se compliquent , car rien n'est aussi propre à perpétuer la dépendance de nos colonies que d'y favoriser l'esclavage des négres ; et cette idée bien sentie doit faire quelqu'impression sur l'esprit des colons qui liront cet onvrage , et doit seul suffire pour arrêter la précipitation de leur jugement sur le plan de régénération et d'organisation social que nous leur proposons.

J'aurois beaucoup de choses à dire encore sur ce sujet ; mais je n'ai pas prétendu fixer dans cet écrit tous les rapports de dépendance des colonies envers leur Métropole, question que je ne pense pas qu'on ait encore résolu dans sa totalité , il m'importoit de rappeller quelques uns des droits principaux de la France sur ses colonies, et je pense que tout bon François doit s'attacher à ces notions simples qui dans ce moment prètent un apui suffisant aux intérêts nationaux griévement compromis , et jettent une grande lumière sur la question importante que nous présentons à l'opinion publique.

La France a donné la terre des colonies à ses colons, elle y a porté d'Afrique les bras qui la cultive, elle les a protégés et défendus par ses armes , elle a érigé des forteresses, creusé des ports, construit des arsenaux.

La nation a donc des droits indisputables

sur ses colonies; mais ces droits lui imposent des devoirs. Défendre, nourir, gouverner les colons suivant les principes de la justice, les conserver en paix dans leur état social, favoriser le développement de leur agriculture par le commerce, tels sont ses devoirs : mais dans leur principe et dans leur conséquence je ne vois nulle part qu'elle soit obligée dy maintenir l'esclavage des nègres, il s'y est établi par la force, et la force s'apprête à le détruire.

Que doit faire la France à ce moment ? menacée de voir tarir une des sources de sa richesse par la cessation de la reproduction des denrées dont l'échange alimente une branche importante de son commerce, est-ce donc en perpétuant un état social qui ne peut plus être qu'un état de guerre, de sédition, de rébellion et de crime ? ira-t-elle employer les bras de ses citoyens libres pour charger de nouvelles chaînes les malheureux Africains ? on le tenteroit vainement.

On ne rattachera point sur les même yeux le bandeau de la servitude, il faudroit détruire les esclaves actuels pour leur en substituer de plus dociles.

Dans cette grande cause n'écouterons-nous que les conseils de l'orgueil, de l'avarice et des plus honteux préjugés, ou bien nous conduirons-nous par ceux de la raison et de l'humanité.

Repousserons-nous enfin les combinaisons de la prudence qui nous dit, vos offorts seront inefficasses, vos dépenses en homme et en argent infructueuses, excessives.

Et cependant ceux là qui viennent de secouer le joug ne le porteront plus. Mais quoi, c'est à nous, qui prenons pour devise, *vivre libre ou mourir,* qu'on oseroit proposer d'aller dire à ces hommes, mourez ou soyez esclaves; non il est d'autres moyens pour sauver ces grands intérêts, ces moyens même sont les seuls praticables.

On peut encore rattacher les nègres à la terre qu'ils ont ensanglantée, les ramener dans leurs cabanes, les rappeller au travail par l'espoir d'un meilleur sort à venir par l'appas de cette liberté même dont le sentiment subsiste toujours au cœur de l'homme quelque malheureux qu'il soit.

Si d'odieux préjugés, si le plus aveugle des sentimens, l'avarice, repousse de la tête et du cœur des colons blancs ces idées, la

mère patrie doit leur prêter toute sa **force,**
les soutenir de toute sa puissance; l'établissement des lois fondées sur le principe d'une
éternelle justice, voilà le seul parti qu'ait
à prendre l'assemblée nationale dans cette
circonstance critique, et quel est son bonheur, la conservation de tout les intérêts et
l'équité, qui doit parler plus haut qu'eux
le lui commande également; n'en doutons
point, les vérités dont nous voulons faire
la base de notre nouvel ordre social dans
nos colonies sont seules conservatrices des
droits conventionels de la propriété et de
ceux plus sacrés sans doute, de l'humanité.

Mais pour déterminer tous les esprits à
les adopter, achevons de démontrer que
toute autre mesure serait fatale à l'intérêt de
ceux dont la ruine est attachée à celle de ces
établissement.

Si l'insurrection de Saint-Domingue est
totale, Saint-Domingue a changé de maître,
et il ne nous reste plus que deux partis à
prendre, la conquête ou les traités avec les
vainqueurs. Lequel de ces deux partis est
le plus convenable aux intérêts de la France
et des colons? en examinant cette question
nous en éclaircirons plusieurs autres, mais

pourquoi me dira-t-on supposer un fait qui n'existe pas ? je réponds que si la révolte des esclaves n'est que partielle à l'extérieur qu'elle est entière au fond des cœurs, prévenez donc un danger qui vous menacera sans cesse; en vous éclairant sur la situation où cet affreux événement vous mettroit, peut-être en écouterez vous avec plus de fruit des conseils, qui n'ont d'autre but que de vous sauver de ce grand désastre, dans lequel vous entraine l'orgueil et l'ignorance, de vos vrais intérêts. Discutons d'abord cette question dans son rapport avec la Métropole, ensuite nous l'examinerons relativement à l'intérêt plus immédiat des colons. Je propose qu'on se décide pour l'emploi de la force et le parti de la conquête, elle se tentera par le moyen des habitans des colonies en état de porter les armes ; des gens de couleur libres qui ne seront point du parti des nègres et des troupes de lignes envoyées d'Europe.

Vous aurez pour ennemis déclarés ou secrets, 5oo mille nègres dirigés par 2o mille hommes de couleur, et sans doute de beaucoup de blancs qui verront de ce côté la puissance et la fortune, dans cet état de chose, doutez vous que les rebelles ne soyent assistés par vos rivaux d'Europe , par les Américains du nord qui appercevront avec raison dans l'indépendance de Saint - Domingue une source future de richesses pour eux, je sais que ces secours seront clandestins, que votre marine bien employée peut mettre de grands obstacles à ces communications, mais je sais aussi que rien ne peut les empêcher totalement, et que les nègres étant maîtres des campagnes et conséquemment des productions coloniales, l'avidité mercantille saura braver tous les risques pour se les aproprier, à ces considérations j'ajouterai qu'il est plus que probable que les metis qui forment la partie la plus nombreuse des habitaus de la partie espagnole serviront vos gens de couleur et leur seront d'un grand secours pour des vivres et des armes; que les montagnes étant les nourrices des plaines, les noirs en retireront longtems des vivres dont vous serez totalement privés dans votre armée et dans vos villes.

Vous avez plusieurs provinces à Saint-Domingue , plusieurs grands quartiers où se trouve réunies les plus grandes et les plus riches propriétés, les Cayes, léogane, le Port-au-Prince, le Mirbalais , Saint-Marc, l'Artibonite, le Limbé, le port Paix, le fort

Dauphin, de grandes espaces séparent ces points très important de la ville du Cap, qui dans la supposition d'une guerre ouverte seroit l'arsenal des Européens, il est naturel de penser, qu'attachés à leurs propriétés et dans l'espoir de les défendre, les colons se seront d'abord rassemblés chacun dans le chef-lieu des différens quartiers que je viens de nommer, et le plus près qu'ils auront pu, de leurs habitations, cette circonstance les affoiblira en les divisant, et rendra les succès de la guerre encore plus douteux (1).

Si vous voulez repousser les nègres à la fois dans ces différens points, quels efforts ne vous faudra-t-il pas faire, et quel en sera le résultat ? de vous rendre les maîtres des plaines sans oser aller plus loin, car les nègres auront de grands avantages dans les montagnes s'ils y sont repoussés de tous les côtés, ils s'y trouveront réunis, et conséquemment assez forts pour se diriger de concert contre les parties où vous serez les plus foibles, si l'un de vos points d'attaque est

(1) Cet ouvrage a été écrit dans le mois de novembre 1791, et lorsque l'on avoit encore aucune donnée positive sur la mesure de l'insurrection des nègres de Saint-Domingue.

enfoncé, les nègres arrivent à la mer s'emparent d'un de vos dépôts, ils en font un point de communication avec l'étranger, et leurs relations extérieures s'établissent ; s'il se bornent à vous harceler, que ferez vous sur ces terres de feu devenues des deserts, sur ces plaines dont les nègres détourneront aisément les ruisseaux et dont ils auront incendié les établissemens, enlevé les subsistances, votre conquête deviendra votre tombeau, la malignité du climat, l'intempérie, la disette ; vous consumeront, et après avoir épuisés vos trésors, perdu vos meilleures troupes, vous rentrerez dans vos villes où tous les fléaux acheveront d'anéantir les forces que vous aurez employées sans fruit dans une expédition dont la sagesse, la justice et la prudence désarmées devoient seule se mêler en en prévenant la nécessité.

Vos succès, vos revers dans le sistême de la guerre me paroissent également à craindre les rebelles seront ou détruits par la force ou libres dans les plaines, ou indépendans dans les montagnes, les colons seront donc ou dépossédés de leurs esclaves ou dépouillés de leurs propriétés territoriales, ou s'ils les recouvrent elles seront pour eux sans aucune valeur, car elles auront perdu leurs bras cultivateurs.

La France peut conserver St. Domingue cultivé par des mains libres, elle le perd sans ressources en voulant y perpétuer la servitude : dans le premier cas, elle aura des produits et des consommateurs ; dans le second, elle consumera pour ne rien avoir, beaucoup d'hommes et beaucoup d'argent. L'on repoussera sans doute ce conseil et l'on perdra tout pour vouloir tout conserver : Saint-Domingue peuplé d'hommes libres est un accroissement de puissance, et se suffit et se garde. St. Domingue avec 5oo mille esclaves vous affoiblit et devient le sanglant théâtre de la révolte, de la trahison et du châtiment, mais quel parti prendre ? Celui de prévenir le malheur d'une insurrection générale, laquelle seroit un mal sans remède, et par quels moyens ? avant de les présenter, achevons d'éclaircir une question sur laquelle on a répandu tous les nuages de la mauvaise foi, c'est à l'opinion publique non à celle du jour, mais à celle, qui fondée sur la connoissance des faits, ne varie point, qu'il appartient de renverser tous les obstacles qui s'opposeront dans cette affaire au triomphe des bons principes.

La secousse qu'éprouve à ce moment Saint-Domingue , est à mes yeux un avertissement qui doit préparer les colons à recevoir les vérités que nous allons leur dire : nul ne peut fermer les yeux dans nos colonies , sur les dangers dont il est environné , menacé de la perte de sa fortune et de sa vie , l'orgueil , cette passion des heureux , doit céder à la fin dans le cœur de leurs habitans , au besoin d'exister avec sécurité : cherchons donc des moyens de paix et de sûreté pour eux , et ne craignons plus d'avoir à combattre leurs préjugés , rien ne les détruit comme le malheur.

Il ne s'agit point ici pour les colonies de choisir librement entre le retour à l'ancien ordre et un autre état de choses , ou la nécessité , l'impérieuse nécessité commande : l'homme doit céder sans murmure.

Pour bien juger de la position présente d'un colon dans les isles à sucre, il faut connoître exactement celle dans laquelle le place la nature de sa fortune , je n'entends parler ici que des planteurs , et particulièrement de ceux qui cultivent le sucre, le caffé et l'indigo.

Un colon est un fabricant cultivateur , ses opérations exigent des bras pour labourer la

terre , des mains plus habiles pour manufac-
turer la matière première qu'il en retire ,
ainsi l'attelier d'une habitation dans nos
isles est composé de deux classes d'hommes ,
les artisans et les manouvriers , les uns et les
autres sont esclaves comme on sait , mais il
existe une différence essentielle dans leur
prix , laquelle résulte de la différence de leur
capacité.

Ces observations sont très importantes ;
pour avoir des idées justes il faut connoître
l'essence des choses , or ces différences sont
l'essence de l'état social des Colonies à sucre,
les ouvriers blancs sont employés concur-
ramment avec les ouvriers noirs à la fabrica-
tion des denrées Coloniales , et ces derniers
la partagent au moins avec eux lorsqu'ils n'en
sont pas chargés en totalité , d'où il suit que
les Colonies peuplées des seuls gens de
couleur et des négres, pourroient fournir
encore à l'Europe leurs précieuses productions , puisqu'on y trouveroit et les bras qui
cultivent et les mains qui manipulent, et lorsqu'on nous représente les négres comme incapa
bles de subvenir à leurs besoins sans le secours
des blancs, on dissimule le véritable état des
choses, on se trompe ou l'on veut tromper.

A cette première différence que le talent établit entre les esclaves, il en faut ajouter une qui tient à leur origine ; les négres Créoles ou nés dans le pays et les négres importés d'Afrique, enfin les négres Africains suivant leurs différents pays ; les négres ouvriers sont presque tous Créoles, ils sont aux autres ce que parmi nous l'artisan des villes est au manouvrier des campagnes , il n'est pas rare d'en trouver parmi eux qui sachent lire (1), beaucoup ont vu la France, on conçoit que ces négres sont très susceptibles d'entendre les principes sur lesquels on pourroit entreprendre une négociation , on conçoit encore l'ascendant qu'ils doivent avoir sur les négres d'Afrique qui ne s'entendent point entr'eux, et qu'ils auront vraisemblablement entraînés à la révolte, enfin en saisissant l'esprit de ces différences on peut établir un systême de législation nouvelle qui ne pourroit manquer de réussir qu'autant qu'on n'agiroit pas de bonne foi, or je pense que l'on doit ne rien dissimuler aux

(1) Ceci doit être rectifié. Il est possible qu'aux Isles-du-vent, on trouve des esclaves sachant lire ; mais à S. Domingue , sur dix mille, à peine en trouveroit-on un seul.

négres à l'aide desquels on doit opérer ce grand changement, parce que la base du traité que les Colons doivent faire avec eux, doit être avantageuse à tous, et qu'il ne peut être durable et faisable que dans l'hipotèse d'un intérêt réciproque.

Je n'ai rien dit encore de la classe des hommes de couleur libres, parce que chacun la connoît et que l'on s'accorde généralement sur ce point, qu'étant la cause principale de l'insurrection, ils en doivent être le remède, leurs habitudes, leurs parentés (1) et leurs intérêts les portent à faire cause commune avec les négres Créoles et artisans des diverses habitations , et l'on trouvera dans cette classe des hommes en état de seconder nos desseins; d'en sentir les avantages et de les faire adopter ; des

______

(1) L'auteur fait ici un erreur pour les hommes de couleur de Saint-Domingue , ceux là n'ont point de parens dans l'esclavage, parce que les premiers affranchis ont affranchis eux-mêmes tous ceux qui pouvoient leur être parent, en employant à cet acte d'humanité tout le pécule qu'ils pouvoient amasser par leur travail. Lisez à ce sujet les considérations sur St. Domingue, par Hiliard d'Auberteuil tome II, Discours III, des affranchis. page 71 et suiv.

hommes

hommes enfin, qui, sous le rapport de l'esprit et du courage , ne le céderont en rien aux blancs. C'est au milieu d'eux que les rebelles choisiront toujours leurs chefs. Mais il ne s'agit pas ici des chefs seulement, il faut intéresser la masse agissante et c'est la classe des négres ouvriers et Créoles qui la compose; c'est sur cette classe que les Colons auront aussi le plus d'empire ; c'est au milieu d'elle qu'ils pourront trouver des cœurs disposés à les écouter, des enfans, des frères et même des amis; car les jeunes négres élevés avec les jeunes blancs, commencent par s'aimer, et ce sentiment que la nature leur inspire , ne s'éteint en eux , que lorsque l'avarice et l'orgueil les séparent, et que l'exemple maîtrisant leur penchant, vient les rendre insensibles et cruels.

Si l'on savoit mettre à profit tant d'intérêts, tant de sentimens , qui, fortifiés encore par les préjugés et l'habitude , attachent et subordonnent les noirs aux blancs dans nos Colonies , sans doute qu'il seroit aisé d'appaiser la sédition actuelle; mais il faut des sacrifices , il faut que l'orgueil fléchisse et que le sordide intérêt capitule ; c'est donc

C

maintenant à ces deux passions qu'ils faut que je m'adresse, aveugles et sourdes je ne me propose point de les toucher ; mais je dis à l'orgueil, tu vas être humilié, ton empire va finir et l'inexorable besoin va te réduire à ton tour en servitude ; à l'avarice, ta ruine est certaine, tes propriétés ne sont plus, tu vas tout perdre, mais si tu m'écoute, si tu me seconde je te promets encore la richesse, et moins précaire même que celle dont tu jouissois : en effet qu'elle est la véritable situation d'un Colon dans sa fortune ? Ses terres n'ont de valeur que par le nombre de ses esclaves et de ses bestiaux, un mobilier périssable détermine seul la valeur d'immeubles couteux à établir, très cher à entretenir. Dans une lutte continuelle avec les événemens, sa fortune au milieu d'une apparente richesse repose sur sa parcimonie, et s'il veut jouir et confier à autrui la direction de ses affaires, bientôt le désordre dans les esclaves, leurs maladies, leur mort, leurs attentats et mille autres accidens viennent empoisonner sa vie et le forcer de renoncer à ses plaisirs, à ses habitudes, et pour réparer ses pertes de recommencer des travaux qui dans ces climats destructeurs les conduisent rapidement à la mort ; j'en appelle à tous les Colons, et ils diront c'est là notre histoire ; oui telle est la vie d'un planteur , un combat continuel avec les accidens et la nature , toujours menacé de la ruine et de la révolte , environné de soupçons et de haines , souvent forcé contre son penchant de pousser la sévérité jusqu'à la barbarie, car on ne jouit d'un crime que par un autre, et la crainte du châtiment est l'unique frein de l'esclavage.

Qu'on n'opose pas à ce tableau , cinquante propriétaires qui reçoivent à Paris le produit de leurs possessions Américaines sans avoir jamais vu l'Amérique ; la grandeur de leur fortune en supporte les inconvéniens , mais s'ils sont assez heureux , je veux dire assez inhumains, pour jouir en paix de leurs revenus, la source n'en est moins empoisonnée et sujette à tous les revers ; il est vrai qu'ils ont les moyens de les réparer , ils savent ce qu'il leur en coûte , mais ce qu'ils ne savent pas comme moi , car ils n'y songent point, c'est ce qu'il en coûte à l'humanité.

Enfin, la catastrophe actuelle les atteignant tous sans distinction , leur intérêt est ici le même, et plus que d'autres encore ils doivent embrasser un moyen qui les garantisse à l'avenir du danger de l'insurrection, car au moins ils sont étrangers aux préjugés des Colons Créoles, et ce qui doit les toucher le plus étant la conservation de leurs revenus, nous ne devons pas trouver d'obstacles de leur part dans l'établissement d'un nouvel ordre de chose qui les leur garantira pour l'avenir.

Que doivent avant tout désirer les Colons propriétaires? De ramener sur leurs terres des bras cultivateurs, il ne s'agit plus d'esclaves ou de libres, ni de disputer le droit de citoyen à la couleur de tel ou tel homme, il s'agit d'exister, de nourrir sa famille, de faire honneur à ses engagemens, d'éviter la misère, la honte et la mort.

Voilà les intérêts pressans et déterminans dans cette grande question. Ici doivent disparoître d'odieux préjugés ; les Colonies ont failli périr plusieurs fois par les conspirations de la vengeance des négres esclaves. La Jamaïque, Surinam en sont la preuve ; dans ces deux Colonies une portion d'esclaves à secoué le joug et su forcer l'avarice de ses anciens maîtres à leur payer un tribut, tout le courage de l'homme rendu à son indépendance naturelle est supérieur à celui de l'homme asservi ; la Martinique, la Guadeloupe ont eu leur Mancandas (1), on doit remarquer que la foiblesse des femmes a par-tout trompé l'espoir de ces hardis conspirateurs , l'orgueil des femmes veut des maîtres pour les asservir, nous voulons détruire l'esclavage pour tarir la source des crimes et des conspirations ; si le fameux François Mancandas n'eut pas été trahi , s'en étoit fait de Saint-Domingue en 1748. A cette époque ce malheur étoit irréparable ; dans ce moment , j'ose espérer qu'on peut, en changeant le système social des Colonies , les conserver à la métropole , aux Colons et aux commerçans , tirer de ce grand désastre une grande leçon et garantir par une meilleure organisation sociale, notre postérité des maux dont nous avons à gémir ; mais c'est par le chemin de la justice et guidés par les principes de la liberté que nous arriverons à ce but.

(1) Voyez la lettre de M. Milcent, publiée dans le patriote français n°. 835. j'en atteste les faits principaux, en y ajoutant que l'histoire de Saint-Domingue est à cette égard celle de toutes les colonies à esclaves.

Section III.

Justice et liberté, voilà le cri des négres en rebellion ; on n'espère pas qu'il soit entendu de leurs maîtres au désespoir : mais il s'agit ici de ce que doit faire la France, du parti que doit prendre l'assemblée nationale. Ici tout autre intérêt que celui de la patrie et de l'humanité doit se taire, l'assemblée nationale est responsable au monde entier de la conduite qu'elle va tenir.

Voici l'instant pour les représentans du peuple, d'élever au niveau des principes de la constitution, le caractère national, les mesures doivent être grandes comme l'intérêt et le danger, elles doivent enveloper dans leurs conséquences, toutes les considérations particulières qu'on ne peut plus écouter sans risquer de tout perdre, les maladies politiques s'agravent par les palliatifs, il faut donc du courage, de la constance, et sur-tout le mépris des obstacles que d'aveugles préjugés tenteront d'opposer à tout moyen qui les blessera.

Je vais comme citoyen, comme homme libre, comme philosophe, comme instruit par une longue expérience des intérêts Coloniaux dire ce que je pense.

Le moment est arrivé de changer le systême social des Colonies, d'y réintégrer l'espèce humaine, et dans cette grande vue se trouvent le salut de tous les intéressés, le juste et l'utile, l'intérêt et la gloire.

Les hommes libres de couleur demandent justice; les droits de citoyen, dans toute leur étendue, leur seront accordés ; les Colons ne s'y refuseront plus ; il se ressouviendront, le malheur rend sensible, que ces hommes qu'ils repoussoient, sont leurs fils, leurs frères, leurs neveux, ils honoreront enfin, de quelque couleur qu'il soit, le sein qui les a nourris, et ce premier acte de justice les conduira vers un autre, les vertus se touchent comme les vices.

Entre les esclaves, vous appellerez à la liberté pure et simple, tous les artisans dont les noms seront fournis par leurs anciens maîtres, à la seule condition d'une contribution par tête dont vous appliquerez le produit en indemnité, pour ceux dont ils faisoient la richesse.

Les négres créoles seront ensuite appellés sans distinction à la jouissance d'une liberté

conditionelle, laquelle aura pour base l'obligation de se réunir sur le terrein de leurs
anciens maîtres et d'y travailler pour leur
compte un tems déterminé, après lequel ils
jouiront de la liberté aux conditions des
négres artisans. Je pense qu'on pourroit
fixer ce terme à dix ans pour ceux qui ont
3o ans et plus, et à 15 pour ceux qut ont
moins de 3o ans, mais ne seroient appellés
à jouir de cet avantage que les négres pères
de famille, les autres seroient tenus à 20 ans
de travail.

Le droit de se racheter sera le droit commun à tout négre, à quelque classe qu'il ap-
partienne; les négres qui se seroient rachetés
passeroient dans la classe des affranchis ;
enfin, il vous restera les négres d'Afrique,
classe nombreuse, dont les membres étrangers
entre eux parlent chacun un langage différent, incapables en effet de se suffire par leur
ignorance et même par l'espèce de guerre
d'industrie que leur font les nègres créoles.

Ceux là seront honorés du nom d'enfans
mineur de la patrie sous la tutelle de la loi;
comme tels, elle les protègera jusqu'à ce
qu'elle les affranchisse; leurs anciens maîtres
en deviendront les dépositaires ; ils pour-

ront obtenir la liberté comme les négres créoles, mais après l'examen d'une magistrature créée exprès, et sous la surveillance et l'inspection de laquelle sera remise la police des attelliers noirs ; aucun châtiment ne pouvant plus leur être infligé que sur une sentence et d'après un jugement.

Ce tribunal composé d'hommes libres de couleur et de blancs, élus pour deux ans, deviendra le vrais tribunal de paix des colonies, et le gage de la concorde entre toutes les clases d'hommes dont elles sont habitées, quelle que soit la couleur de leur peau.

La population sera puissamment excitée dans les négres cultivateurs, par une disposition qui devra servir à la fois d'aiguillon à la paresse dans ce climat ennemi du travail, et de frein aux mauvaises mœurs. Tout négre venu d'Afrique, marié depuis dix ans, ayant un jardin en bon ordre et six enfans jouira, premièrement de la franchise de trois jours de travail par semaine, ainsi que sa femme.

Après 20 années de mariage et avec quatre enfans existans, ils seront réputés affranchis ou *capite censi* ; leurs enfans jouiront des mêmes avantages à 25 ans, et leurs petits enfans seront libres sans condition.

Les terres concédées aux nègres pour leurs jardins, seront sous la garantie des magistrats, tuteurs des nègres.

Les propriétaires ne pourront les leur ôter ou les leur changer, sans qu'ils y consentent, et que le tribunal des censeurs n'en soit informé.

Les négres auront un pécule ou propriété qui leur sera garantie par la loi, et suivra les règles établies pour les successions à leur mort.

Malgré la nouriture qui sera réglée par la loi, tous les nègres engagés à la terre de telle ou telle plantation, auront sans exception un jour à eux outre les dimanches et fêtes.

Les nègres créoles devenus *capite censi* comme les artisans, pourront tenir des terres à bail à certaines conditions, les contrats se passeront pardevant le tribunal déjà cité.

Le nom d'esclave sera aboli, il n'y aura plus dans les colonies que trois classes d'hommes, des engagés, des affranchis *ou capite censi*, et des hommes libres.

Les africains composeront la classe des engagés ; les artisans et les créoles après leurs tems de bons travaux expirés, celle des affranchis ; leurs descendans , celle des hommes libres.

Les engagés passeront dans la classe des affranchis par leur bonne conduite , leur industrie et la fécondité de leur mariage. Les services rendus à l'état , pourront élever un affranchi au rang de citoyen , par un jugement de l'assemblée coloniale.

Tout engagé qui entrera dans la classe des artisans , jouira des avantages de l'affranchissement , après dix ans de travail comme ouvrier.

Les droits des affranchis , seront de pouvoir contracter avec les propriétaires , de pouvoir travailler pour leur compte , en payant une capitation , leurs enfans nés légitimement seront libres sans condition , les bâtards resteront dans la classe des affranchis.

Le devoir imposé aux nègres créoles de cultiver les terres , et de faire valoir les habitations de leurs anciens maîtres, leur sera commandé au nom de la loi comme une dette envers la patrie : ils se souviendront du sort de leurs pères , et qu'en travaillant ils assurent la prospérité de leur pays , se préparent un sort heureux dans la classe des affranchis d'où leurs derniers regards pourront voir leurs enfans jouir en entier des droits de citoyen.

La grandeur des sacrifices que ces dispositions imposent aux colons, anciens propriétaires d'esclaves, ne peut être évaluée que dans les colonies mêmes, et la Métropole doit charger des commissaires de prendre les plus exactes informations sur ce point ; nous observerons seulement que l'indemnité résulte en partie de l'effet même de ces nouvelles loix, c'est par leur action que les colons se trouveront réintégrés dans leurs propriétés, cependant loin de nous opposer à ce qu'il soit pris des mesures pour secourir ceux que l'événement actuel a ruiné, nous leur avons préparé une ressource dans le produit de la classe intermédiaire que nous appellons *capite censi*, produit qu'il est facile d'augmenter, et auquel je proposerois d'ajouter annuellemént une somme tirée du trésor national : justice, équité pour tous, voilà notre loi,

Mais on me demande si je conserve ou détruit le commerce d'Afrique ? ma plume se refuse à tracer ces mots : vous *achéterez des hommes* ; mais ce commerce peut changer de caractère, et l'effet de la loi que je propose pour les colonies , en modifieroit la partie la plus odieuse, ce ne seroient plus des esclaves que vous exporteriez d'Afrique , mais des cultivateurs, des habitans que vous enléveriez à leurs tyrans, pour les élever un jour par le travail et l'instruction à la dignité d'hommes libres.

Ce trafic repose aujourd'hui sur d'horribles principes. Il faut lui donner une autre destination , et le diriger dans un autre esprit, et sur des loix de police particulière, rien de ce qui est juste , de ce qui est généreux, de ce qui est grand ne doit paroître impossible aux François libres; mais ce sujet demande une discussion approfondie, et j'en ferai la matière d'un écrit particulier ; le tems presse; et pendant que j'employe celui-ci à tracer ces mots, des crimes atroces, d'horribles veangences répandent la désolation sur cette terre que nous voudrions rendre à ses possesseurs , sous la garantie d'une loi juste , qui ne contint pas comme l'ancienne, le principe de sa destruction , cette explosion qui vient enfin de tout renverser , nous menaçoit depuis long-tems , si les matériaux de l'édifice ne sont pas totalement détruits , travaillons à le réédifier , mais sur un meilleur plan, et si nous voulons assurer sa durée, fondons le sur la raison et sur la vérité.

Représentans de la France, voilà votre mission, elle est divine et vous saurez l'accomplir ; bientôt sur toute la terre, vous entendrez s'élever la voix reconnoissante du genre humain, rappellé par la nation Française à sa noble origine, et les despotes humiliés comme ces hommes orgueilleux qui repoussoient naguères vos décrets bienfaisans, signeront le concordat que vous voudrez leur dicter, heureux de trouver un refuge à l'abri des droits de l'homme et de la liberté qu'ils n'auront pu renverser.

Ces biens précieux n'ont rien à craindre de leurs efforts, mais tout à redouter de nos vices, la religion de la loi, ce culte des peuples libres ne peut se fonder et s'affermir que par la vertu, et la vertu par les exemples. Le plus grand de tous ceux que pourroient nous donner les représeutans de la Nation, seroit d'adopter ce projet, et d'en presser l'exécution au mépris de tous les obstacles.

Nota. Cet ouvrage étoit écrit, lorsque le concordat entre les blancs et les gens de couleur, passé à la Croix des bouquets à Saint-Domingue, nous est parvenu.

Cet acte dicté par la sagesse, accepté sous la garantie de l'être suprême, ce monument d'éternelle justice, et qui doit attester à tous les peuples la vérité et la puissance des principes qui servent de base à notre constitution, je le joins à cette opinion, il en sera le plus ferme appui, il répondra seul aux interprétations, aux objections de la mauvaise foi.

Mais cet acte ne stipule rien en faveur des esclaves, et la paix qui doit en être la conséquence, ne sauroit acquérir de stabilité qu'en y joignant les dispositions générales que nous proposons.

En embrassant toutes les classes qui composent l'ordre social des colonies, en stipulant pour chacun, avec une égale impartialité, notre nouveau code deviendroit le garant d'une tranquillité et d'une prospérité qui n'auroit plus à craindre le retour des malheurs dont nous sommes les témoins.

J'ose offrir cet écrit à l'assemblée nationale, j'en ai communiqué les vues principales à son comité des colonies, je l'invite à s'en occuper sérieusement, à saisir une si belle occasion d'acquérir des droits à l'éternelle reconnoissance de ces hommes, dont la main laborieuse cultive pour nous, ces riches contrées dont les productions font une partie de la fortune publique.

Le tems est venu d'établir par-tout le règne de la justice : les maux dont gémissent à ce moment les habitans de Saint-Domingue, vous offrent une preuve de plus des inconvéniens et de l'impuissance du règne de la force, et vous prouvent encore que les loix générales de la nature et de l'équité n'ont point d'exception.

Fin de la seconde partie.

ADRESSE

A LA

CONVENTION NATIONALE,

A TOUS LES CLUBS

ET SOCIÉTÉS PATRIOTIQUES,

Pour les Nègres détenus en esclavage dans les Colonies Françaises de l'Amérique, sous le régime de la République.

D'Adam nous sommes tous enfans ,
La preuve en est connue ,
Et que tous nos premiers parens
Ont traîné la charrue :
Mais las de travailler enfin
La terre labourée ,
L'un a détélé le matin ,
L'autre l'après-dîné.

O vous , vrais français, représentans d'un peuple libre , et qui a tout hasardé pour rentrer dans les droits sacrés de l'homme, combien n'avez-vous pas prouvé que vous étiez digne de parcourir cette

sublime carrière, et combien vous en connoissez le prix ! C'est jusqu'à vous , législateurs , que les cris d'un million d'esclaves
se font entendre. Nés français , mais dé-
gradés encore par des lois avilissantes , ils
s'adressent avec confiance à vous , pour
vous faire connoître leur sort affreux et dé-
sespérant. Nous avons secoué le joug , sous
lequel nous gémissons, dans l'espoir de nous
délivrer d'une tyrannie atroce qui nous
persécutoit , et qui nous persécute encore.
Loin d'être protégé , par ceux mêmes qui
ont desiré cette liberté , nous sommes poursuivis et sommés de rentrer sous le joug
de nos tyrans. La mort n'est-elle pas pié-
férable , lorsqu'il faut choisir entre elle et
l'esclavage ?

La tyrannie, ne le voit-on pas , est un
arbre dangereux dès sa naissance , qui,
jeune encore boit secrettement le sang
qui l'arrose : bientôt il couvre tout ce qui
l'environne d'une ombre superbe et funeste.
La fleur, le fruit voisin tombent , privés
des rayons bienfaisans du soleil qu'il in-
tercepte : bientôt il force la terre à ne nourrir que lui , semblable à cet arbre venimeux dont les fruits doux sont un poison,
qui change en eau corrosive les gouttes de
pluie que ses feuilles distillent , et qui , au
défaut des tourmens , procure au voyageur
fatigué le sommeil et la mort. Cependant
son tronc est noueux ; les principes de sa
sève sont couvert d'un bois dur ; ses ra-

cines d'airain s'étendent, et la hache de la liberté s'émoussera-t-elle encore, sans oser y mordre ? Les passions humaines ont peut-être été le seul obstacle à notre bonheur ; les effets en sont sensibles ; mais les principes heureux d'un sage gouvernement, d'un mot, tourneront à notre avantage : nous ne serons plus coupables du crime affreux d'entretenir des guerres perpétuelles contre ceux qui nous entraînent sous un fouet déchirant pour cultiver leur propriété. Comme la nature fait presque tous les frais de la production, le sucre, cultivé par des mains libres, coûteroit bien moins ; car la terre n'est avare que pour les tyrans et les esclaves.

La stérilité disparoît, dès que l'humanité cesse d'être outragée, et que les hommes, protégés par les lois, rentrent dans leur intelligence et leur liberté.

Semblables aux peuples de l'Afrique, on nous reprochera peut-être de n'être pas aussi bien civilisés qu'en Europe. Oui, par une espèce de barbarie, les souverains y vendirent les captifs qu'ils avoient fait dans les guerres.

Ainsi, comment se peut-il, que, par un commerce aussi révoltant, toujours terrassés par un despotisme des plus barbares, nous ayions pu puiser dans l'instruction, cette douceur et cette aménité de caractère, qui fait le trésor et la véritable richesse des habitans de l'Europe ?

O sort malheureux ! Des hommes capables de sentir , de penser , et de concevoir comme tous autres ! L'esclavage n'étoit pas réservé à nos pères ; ils avoient reçu des liens trop pesans pour eux , qu'ils nous transmettoient dès notre naissance , et successivement à tous nos descendans. A peine avons-nous ouvert les yeux à la lumière , que ces chaînes effrayantes frappoient notre vue , accabloient nos foibles bras , et nous privoient de la douce communication des hommes éclairés.

Capables de connoître le bien , comme tous les hommes , nous voyons la beauté de l'aurore comme eux ; nous nous ressentons de la douce haleine des zéphirs qui viennent modérer l'ardeur de cet astre bienfaiteur , universel, qui donne la fécondité à ce que nous confions à la terre ; accoutumés et endurcis au travail , nous recueillons , mais pour des hommes qui n'ont pas semé ; nous leur amassons des trésors, dont nous ne profitons pas ; nous les servons , sans espoir de voir enfin le terme de nos maux. Si des tyrans , sur la terre , trouvent une jouissance à appésantir leur courroux sur des créatures innocentes , ce qui peut nous consoler , c'est l'espoir de vous trouver sensibles à notre réclamation , et la confiance que nous avons dans votre justice. Oui, sages législateurs, si la liberté, cette loi naturelle étoit venue enrichir nos idées , nous saurions, comme nos voisins, oui , nous saurions comme eux vous les développer , si votre bienfaisance et votre justice s'étoient plutôt montrées dans nos climats.

Aux expressions de liberté et d'égalité, que vous venez de faire entendre à nos oreilles ; à ces mots : de *vivre libres ou mourir*, que nous répétons avec un doux saisissement , que nous gravons dans nos cœurs , et dont ils ne s'effaceront jamais, nous voyons , par la joie que nous éprouvons , nos chaînes devenir déjà plus légères , et n'avoir plus rien d'accablant , si elles cessent de passer à nos enfans.

Combien de milliers parmi nous , tous, en un mot, disposés à prendre la défense de la liberté , de leurs libérateurs, n'hésiterons pas un instant de prendre votre défense , plutôt que de rentrer sous le joug des tyrans ! Ils périront plutôt jusqu'au dernier , que de laisser votre ouvrage imparfait, et leur espérance s'évanouir.

Nous sommes regardés comme des monstres et des êtres inhumains : faut-il donc que la dureté et la tyrannie continuelle soient l'effet de l'anneau de fer qui nous lie ? Nous demandons notre liberté ; nos droits sont imprescriptibles , naturels et appuyés sur l'humanité.

Susceptibles , par raisonnement, d'aimer la liberté , et de rester attachés à ses principes, daignez, sages législateurs qui avez décrété les droits de l'homme, daignez étendre jusqu'à nous vos regards bienfaisans, ne gémissant plus sous le poids trop accablant pour nous, nous deviendront des hommes doux et paisibles, nous publierons à jamais le signalé service que vous pouvez rendre à la nature entière.

Nous nous empresserons de prévenir les besoins de nos frères et égaux, moyennant un modique salaire que le besoin de soutenir notre existance exige naturellement, non pas avec cette crainte servile, qui ne pourroit que nous rappeler au déréglement, mais avec un cœur prévenant, plein d'amitié et de reconnoissance, ce qui rendra nos services plus utiles, et en moins de temps qu'il ne sauroient être dans toute notre vie d'esclavage.

Peut-on s'opposer à ce que la nation française acquierre cette gloire ! A ce qu'elle entende retentir à ses oreilles, dans les siècles futurs, cette longue suite de bénédictions ! Les nègres ne sont-ils pas susceptibles, comme les blancs, d'être perfectionnés dans les sciences et les arts?

Mais, on me dira, peut-être, que feront les propriétaires et les maîtres qui les ont achetés ? N'est-ce pas ruiner tous les Colons, tous les habitans propriétaires des plus riches plantations, qui ont employé leur crédit et leur fortune à les monter de tant de nègres ? J'avoue que cette objection est d'une certaine force, quand l'intérêt des particuliers ne devroit pas céder aux intérêts généraux ; mais il est aisé de détruire cette objection.

Les propriétaires ne seroient - ils pas plus heureux, si leurs terres n'étoient cultivées que par des mains libres ? Les productions alors n'en seroient-elles pas bien plus légitimes, et n'éprouveroient - ils pas une vraie jouissance, qui mettroit leur fortune bien plus en sûreté ?

Je ne vois pas qu'ils puissent souffrir par ce changement d'esclavage en liberté ; ce seroit évidemment pour eux et pour la nation entière, un changement d'amélioration, établie sur l'ardeur et sur le point d'honneur de fertiliser une terre aussi riche ; mais où la tyrannie a jusqu'ici lié leurs bras. Ces nègres, devenus citoyens, deviendroient, par le nouvel ordre de choses, comme un boulevard inaccessible ; ils seroient bientôt les plus ardens et les plus vrais défenseurs de la patrie, de leurs délibérateurs, de leurs co-propriétés et de leurs biens personnels ; tandis que jusqu'à cette époque, ils ont été l'héritage innocent, mais infortuné, du plus riche, pour ne pas dire du plus tyran des Colons, dont l'exemple a trop malheureusement été suivi, pour ne pas dire encore rafiné de nos jours.

Quels trésors enfouis ! combien de talens incultes ! quelles ressources perdues par la barbarie exercée sur nous ! Nous serons donc toujours au premier siècle de l'ignorance ! La terre inculte, quel qu'en soit le sol, ne produira rien de bon, si elle n'est jamais soignée.

L'homme est cette plante qui ne peut ni se fortifier, ni fructifier, si elle n'est sous la main d'un intelligent cultivateur ; que cette plante soit négligée, les larmes de l'aurore lui donneront quelquefois encore de la beauté et de la force ; mais le premier rayon du soleil venant à l'enlever, elle perd bientôt sa vigueur et son éclat.

En effet, jettez un regard sur cette contrée lointaine, (arrêtez un instant, vos yeux ne pourroient souffrir un tel spectacle,) ce n'est plus qu'un théâtre horrible d'atrocité et de carnage ; tels sont les fruits de l'anarchie. Verriez-vous d'un œil serein, cette terre et ses productions rester dans l'anéantissement, cette terre, votre grenier par sa fécondité, dans l'engourdissement ? Non, les lumières intarrissables de la nation francaise peuvent la sauver, et lui rendre les moyens de recouvrer les trésors qu'elle renferme, si elle veut écouter notre juste demande.

Vous, qui avez été choisis par un peuple libre et éclairé ; vous, représentans de ce peuple, pour être les conciliateurs et les protecteurs de l'opprimé : pesez, nous vous en conjurons, pesez dans votre justice tous ces motifs, et approuvez-en, s'il se peut, les justes et vrais raisonnemens.

Que vos lois, vos vues lumineuses régénèrent les destinées des hommes, par la justesse et l'équité de vos décrets. Puissent les scélérats, qui n'aspirent qu'à la destruction de vos projets, périr ensevelis sous les cendres du feu qu'ils ont alimenté de leurs richesses trop souvent mal acquises !

Vous, au contraire, dont les desseins ne peuvent être enflammés par le flambeau de la discorde, qui n'envisagez dans toutes vos opérations, que le bonheur inaltérable des peuples, auquel vous travaillez avec un zèle infatiguable, votre cœur n'est-il pas navré d'amertume sur notre malheureux sort ? Quelle cruelle douleur ! Nous sommes régis, dans ces deux parties du monde, par les mêmes lois, et cependant nous ne jouissons pas de l'honorable prérogative, de l'activité qu'accorde la glorieuse révolution française. Pourquoi donc cette différence, dans les droits, entre des hommes égaux ?

L'auteur de la nature n'a pas voulu nous donner l'intelligence de ses ouvrages ; mais il veut nous toucher par ses bienfaits. L'homme, en général, n'est estimable que par sa conduite, et par les sentimens qui en répondent. C'est ce que nous nous proposons : c'est le fruit de la liberté que nous sollicitons ; c'est votre chef - d'œuvre envers l'humanité.

Cette Colonie vous donneroit moins d'anxiété, si ceux qui la dévastent, vouloient se prêter à nos réclamations ; mais l'aspérité de leurs cœurs barbares , ou plutôt l'avidité des biens , s'y opposent, et leur inspirent des sentimens contraires.

Ces nègres, instruits , se civiliseroient; ils deviendroient plus utiles ; l'instruction les rendroit capables de tout, et ces maîtres barbares en ont fait l'expérience ; mais ces mêmes barbares , pour satisfaire à tous leurs déréglemens , après s'être engraissés de leur sang, n'ont souvent acquis , avec tant de moyens , que le trouble et des remords cuisans ; car le ciel , dans son courroux , semble ne les avoir envoyés sur terre , que pour exercer ses vengeances. En effet, ne semblent - ils pas épuiser contre nous tout ce que la vengeance peut fournir à un ennemi contre son ennemi ? Leurs crimes sont assez connus ; la modération aura enfin son tour. Notre liberté est décrétée , notre demande sera donc accueillie.

N'avez-vous pas en horreur, ô législateurs, d'entendre encore proférer le mot d'esclavage sur la terre de votre dépendance ? Oui, puisque nous sommes issus du même auteur, vous voulez que nous participions aux mêmes prérogatives qu'il a permis ici-bas à tous ses enfans. Verriez - vous une portion du globe dans les fers, lorsque tout le reste de la terre jouit des douceurs de la liberté ? Les verriez - vous, ces nègres, dans les liens, lorsqu'ils n'attendent que votre aveu pour voler à votre secours ? Rompez tout ce qui les arrête, vous trouverez en eux un appui et les ressources si nécessaires en pareilles circonstances. Ces nègres lèvent vers vous leurs bras ; entendez-vous leurs plaintes ? Oui, vous vous attendrissez sur leur sort ; vous les allez voir se dissiper de toutes parts pour faire respecter vos lois : leurs enfans, ces jeunes innocens, changeront leurs larmes en cris d'allegresse ; vous béniront, ainsi que votre ouvrage, de génération en génération. Il me semble les voir s'empresser autour de vous, pour exprimer les sentimens de la reconnoissance qui les anime ; mais la joie vive dont ils sont pénétrés, ne les empêchera pas de vous rendre bienfait pour bienfait, tendresse pour tendresse, service pour service, autrement ils ne seroient pas vos frères

Déjà l'univers entier applaudit à ce décret, qui doit faire notre félicité, l'exécution et le succès en sont assurés par la sagesse de vos mesures.

Il y a, dans nos colonies, dix millions de nègres qui sont tous prêts au combat.

et par un bon réglement dans les colonies, la paix, qui en seroit l'heureux fruit, laisseroit autant d'excellens cultivateurs; les uns se loueroient aux maîtres auxquels ils conviendroient le mieux ; les autres prendroient des emplois, suivant leur capacité ; ceux-ci se loueroient au mois, à l'année ; ceux-là feroient des entreprises proportionnées à leurs moyens.

Quoique nos colonies soient assez peuplées pour l'agriculture, elles le seroient bientôt d'une manière plus avantageuse, lorsque les uns et les autres de ces nègres pourroient posséder quelque portion de terre qu'ils feroient valoir à leur compte. Le commerce prendroit une nouvelle force par les soins continuels et vigilans de celui-là même qui en tireroit pour lui le produit et les fruits, pour ensuite, par ce moyen, faire passer dans différens canaux du commerce une circulation de numéraire utile à toutes les contrées de l'Europe. Ce qui doit encore en résulter d'avantageux, c'est que l'on arrête par - là une source immanquable de fléaux qui affligent l'humanité sur votre continent, parce que les blancs s'étant comme arrogé le droit de vie et de mort, ils abusent familièrement de ce droit sur leurs esclaves. Les nègres entrant dans l'ordre social, sous la protection des lois, seront jaloux du point d'honneur, se surveilleront plus soigneusement, prendront dans la politique des trésors pour eux et pour le genre humain.

Ce qui doit encore, sages législateurs, vous déterminer à cet acte de justice, c'est que ceux qui sont sous le frein, tombent dans l'insouciance, pour ne pas dire que c'est leur héritage, ce dégoût de tout leur fait oublier jusqu'au premier de leurs devoirs, ce qui fait qu'ils passent pour la plupart pour lâches et méchans, et qu'ils ne font rien que par force, et la force n'a jamais rien fait faire de bien. Ce qui se fait au contraire par amour, se remplit avec joie ; l'occupation est douce et bien plus intéressante.

Si au contraire on n'accorde point la liberté aux nègres, que feront-ils ? Ceux qui ont déjà pris les armes contre leurs tyrans, redoubleront d'ardeur, et cette guerre cruelle ne finira que par l'extinction de l'une ou l'autre race. Leurs maîtres ne peuvent se dissimuler que la crainte qu'ils ont inspirée à ces misérables ne leur donnera jamais l'amour de leurs captifs, et que vaincre ou mourir est une attention qu'ils auront plutôt que de rester ce qu'ils étoient.

Le salut enfin des colonies dépend de votre prévoyance, sages législateurs ; c'est ce qui s'opérera nécessairement par la proclamation de la liberté, et en détruisant les motifs qui les divisent. Que la commisération de la plus belle contrée de l'univers touche enfin vos ames ! les sentimens d'humanité se réveilleront par-tout à votre exemple. Eux, leurs femmes, leurs enfans, vont enfin trouver un asyle, et la paix que rien ne peut troubler dans un état, quand on est frères et amis.

Ainsi un décret confirmatif, à l'appui de ceux déjà rendus, fera rentrer tout dans une égalité utile et indispensable ; à quoi nous concluons que la présente soit rédigée en motion par votre comité de législation, et sur icelle rendu un décret, qui déclare libre tout habitant des colonies françaises, soumises à la république, et sous la protection de ses loix, ainsi que ceux qui s'en seront absentés, et qui y resteront : enfin, que l'esclavage est aboli pour tous les nègres des colonies françaises : que désormais aucun maître n'aura droit sur ces hommes, qu'en ce qui sera convenu de gré à gré pour leur salaire et leur travail ; et pour que personne n'en ignore, que copie de la présente soit imprimée et envoyée de suite aux commissaires civils, représentans de la république en Amérique, à chaque communauté et cantons, afin de disposer les uns et les autres à l'amitié, qui doit désormais régner entre tous.

Par ce moyen, vous vous couvrirez d'une

gloire immortelle, et vous ramenerez la paix et la prospérité dans les colonies, qui vous envoient déjà leurs bénédictions.

Paris, le 17 mai 1793, l'an deuxième de la république française.

J. LABUISSONNIERE. NARCISSE, *lieutenant des hussards américains.* HELLOT, *idem* SAINT-GEORGE MILSCENT, *maréchal-des-logis.* LAPAIS, *idem.* FERANT, *adjudant.* ALEXANDRE VANTU, *brigadier-fourrier.* APOLLON. DOMINIQUE. CLAID-HURFULLE. LOUIS DUBARA. JEAN-PIERRE ALEXANDRE. BAZILLE. GAINATIS. LUBIN. TEMERAIRE. ÉTIENNE. MONDOR.

Approuvé par tous les braves Républicains.

PARIS, de l'imprimerie de G.-F. GALLETTI, Imprimeur, aux Jacobins Saint-Honoré.

— 4 —

DISCOURS

PRONONCÉ par DORFEUILLE, après la lecture du Décret sur les Hommes de Couleur, dans la Féte célébrée à Commune - Affranchie le 20 Ventôse, en présence des Représentans du Peuple, FOUCHÉ, LAPORTE, MÉAULLE.

RÉPUBLICAINS!

VOUS venez de l'entendre avec enthousiasme ce décret consolateur, ce décret digne du Peuple-dieu dont il émane, ce décret digne de la Montagne qui lutta si long-tems pour l'arracher aux ennemis de la nature humaine.

Ils ont disparu ces monstres coalisés avec le trône et l'autel; ces monstres qui vouloient, sous les noms de fédéralisme et de politique, républicaniser l'esclavage et la royauté. Ils ont disparu comme la poussière que le vent balaie; ils ont disparu, et le Peuple est resté seul avec ses vertus, et le Peuple a dit: *Plus de rois, plus de prêtres, plus d'esclaves;* et les couronnes, et les mitres, et les chaînes ont été brisées; et l'humanité respire, et la liberté triomphe, et l'égalité commence.

Honneur à toi, Peuple français, Peuple vierge! Tu viens de donner un grand exemple au monde. Sparte avoit des rois et des ilotes; Rome des patriciens et des esclaves; le Français ne compte que des frères.

Et vous Guillaume Tell, Brutus, pères de la Liberté, vous dont le souvenir est la ressource des peuples et le fléau des rois; illustres morts, jouissez, jouissez de votre ouvrage. Vos ames tout entières ont passé dans nos ames; oui, les Français ont juré comme vous, d'immoler les Gesler et les César de leur patrie. Oui, nous portons d'une main les droits de l'homme pour le mortel opprimé, et de l'autre le poignard de l'insurrection contre l'oppresseur.

Et toi Soleil, époux de la Nature, annonce dans ta course, annonce à l'univers le spectacle le plus imposant qu'aient jamais éclairé tes regards; annonce qu'il existe sur le globe de la terre une patrie où l'homme est l'égal de l'homme; un Peuple qui par sa masse donne l'impulsion à la raison universelle, comme tu donnes, toi, par ta chaleur, la vie à la matière.

Et si tu n'es pas un agent aveugle, un instrument insensible, prends une part active à cette fête solemnelle; ajoute à notre force par tes moyens créateurs; fais germer, fructifier, multiplier nos moissons; nourris nos soldats, protége la République, verse la fécondité sur les Sans-culottes et brûle tous les Tyrans.

DORFEUILLE.

A COMMUNE-AFFRANCHIE, de l'Imprimerie RÉPUBLICAINE, place de la Raison.

— 5 —

DISCOURS

PRONONCÉ

PAR LE CITOYEN CHAUMETTE,

AU NOM

DE LA COMMUNE DE PARIS,

Le Décadi 30 Pluviôse, l'an II de la République française, une et indivisible, à la fête célébrée à Paris, en réjouissance de l'abolition de l'Esclavage.

IMPRIMÉ PAR ORDRE DE LA CONVENTION NATIONALE.

Sæpe in magistrum scelera redierunt sua.
SENECA, *in Thyeste*

Du moment où les hommes commencèrent à s'écarter des lois de la nature ; du moment où ils cessèrent de voir dans leurs vieux pères autant de lois vivantes auxquelles ils devaient religieu-

A

sement obéir ; de ce moment, dis-je, on vit commencer la fatale époque de la dégradation et de l'avilissement de l'espèce humaine. L'intérêt, l'orgueil, l'avarice et la dureté ouvrirent bientôt la porte à tous les fléaux, qui dans la suite firent regarder le premier de tous les biens pour l'homme, *la sociabilité*, comme le plus grand de tous les maux. Les mœurs primitives une fois altérées, la division entra dans les familles; l'audace et l'injustice remplaçant les décisions patriarchales, la force prenant la place de la raison, l'avidité, la soif exclusive des jouissances ayant donné naissance au *mien* et au *tien*, il fallut des lois pour régler les différends ; il en fallut même de terribles. Alors on eut besoin de bras pour les faire exécuter. On ne pouvait qu'avoir recours aux plus forts; mais les plus forts se réunirent, et au lieu d'employer leur puissance à protéger la faiblesse, ils en usèrent pour la soumettre, non aux conventions de la société, mais à leurs décisions arbitraires. Ainsi de l'autorité légitime naquit l'empire absolu : tant les hommes, toutes les fois que leurs passions font taire leur raison, sont aptes et prompts à gâter les meilleures institutions (1) !

L'arbitraire ayant pris naissance, la force dut nécessairement devenir la loi suprême ; le crime et tous les débordemens qui marchent à sa suite, durent étouffer jusqu'à l'idée des vertus primitives ; la faiblesse dut aussi devenir un tort impardonnable aux yeux des plus forts, et un motif pour être tourmenté par eux ; mais le faible, de

---

(1) *Utque antehàc flagitiis , tunc legibus laborabatur.* Tacit. Ann. lib. 3.

son côté, se voyant à tout moment dépouillé du fruit de ses sueurs par ses nouveaux maîtres, cessa de travailler, parce qu'il cessait de jouir. Le courage lui manqua ; son ame abattue n'eut bientôt de sensations que pour la douleur : il fut asservi.... Oh ! qu'il dut être cruel, le barbare qui, le premier, chargea son frère de fers ! Comment put-il être témoin insensible de la première agonie d'une ame libre ! ... Comment ses entrailles ne frémirent-elles pas à l'aspect de la douleur qu'il faisait éprouver à son semblable !..... Son semblable ! chez qui il voulait tuer l'homme : ô nature ! tu as interverti l'ordre de tes immortels décrets, lorsque tu fis le premier tyran. Tu lui mis sans doute un caillou dans la poitrine à la place d'un cœur.... Mais que dis-je ? Ah ! pardonne. Non, non, tu ne fis jamais de tyrans ; tu fis, au contraire, l'homme bon et sensible : l'homme seul s'est fait méchant, et il n'est devenu tout-à-fait méchant que lorsqu'il a cessé de t'entendre, de t'obéir.

Telle est, si je ne me trompe, citoyens, telle est l'origine de l'esclavage ; telle est la source cachée dans l'abyme des siècles de ce torrent dévastateur, qui, roulant d'un pôle à l'autre, engloutissait les générations, et menaçait la terre désolée d'un cours incalculable. Mais qui peut sonder les profondeurs de la vérité éternelle ? La méchanceté, la tyrannie, peuvent bien s'opposer à ses progrès pendant quelques instans (et les siècles sont des instans dans l'éternité), mais aux éclairs faibles et rares qu'elle lance à travers la nuit des législations absurdes et tyranniques, on peut reconnaître son existence ; et le juste, l'ami de la vertu, peut prophétiser ses merveilles aux mortels ensevelis dans l'espèce de brume des erreurs qui succèdent aux erreurs.

Appaisez-vous, mânes irritées de cent mille générations détruites par l'esclavage ; appaisez-vous : le jour de la justice a lui sur un coin du globe ; l'oracle de la vérité s'est fait entendre du sein d'une assemblée de sages, et l'esclavage est anéanti. Le réveil d'un grand peuple doit produire de grands résultats. De même que la foudre purifie l'air des miasmes impurs qui l'infectent, écrase les pyramides orgueilleuses qui attestent les erreurs et les crimes de l'antiquité la plus reculée, dissipe les nuages épais qui dérobent aux mortels l'éclat de l'astre du jour, et occasionne, dans l'ordre naturel, un ébranlement prolongé, salutaire à tout ce qui respire ; de même le réveil d'un grand peuple doit, créant les mêmes effets dans l'ordre social, raviver tout ce qui le compose, et ressusciter, pour ainsi dire, ses élémens, pour les mettre, par ses efforts, dans un équilibre parfait. Ce mouvement se fait sentir, races passées !..... Les héritiers de vos malheurs en sont étonnés ; mais ils vont jouir, et les larmes d'attendrissement que répandront les libérateurs et les délivrés, seront pour eux la douce rosée qui accompagne l'aurore d'une nouvelle vie.

Nations depuis long-temps effacées de dessus le globe, vous princes, tyrans, rois, archontes, sénateurs, juges, magistrats, grands ! vous que la nature a peut-être ramassés et confondus ensemble dans ce tourbillon de poussière que le vent emporte.... dites, qui vous a pu conférer le droit atroce de détruire l'homme dans l'homme, d'opposer la nature à la nature.... d'établir enfin l'esclavage ? Ah ! votre réponse est écrite sur ces ruines éparses, l'asyle du reptile venimeux et de l'oiseau nocturne : votre réponse est dans votre propre destruction et dans sa cause ! *La soif des jouissances exclusives, l'amour de la tyrannie, et le luxe qui pourrit le cœur.*

Et vous dont le génie est immortel, vous échappés à la destruction des hommes de vos jours, législateurs, poëtes, historiens, dont les feuilles savantes surnageront peut-être au-delà des temps, pourquoi ne nous dites-vous rien sur l'origine, sur le droit affreux de l'esclavage ? Plus près de la vérité que vos contemporains, pourquoi ne la leur avez-vous pas découverte ? pourquoi ne l'avez-vous pas fait tonner pour épouvanter vos maîtres ? Et toi, sublime esclave d'*Épaphrodite*, ô *Épictète* (1)! tu n'as rien dit non plus, tu t'es con-

---

(1) *Épictète* naquit à *Hiéropolis*, ville de Phrygie. On ne connoît pas bien son véritable nom. Celui qu'il porte, *Epictetos*, signifie *esclave, serviteur.* Il était esclave d'*Épaphrodite*, l'un des favoris ou des gardes de *Néron. Épictète* était un stoïcien parfait. On a de lui un des meilleurs livres de morale qui existent, connu sous le titre de *Manuel d'Épictète.* Il réduisait toute la philosophie à ces deux mots : *Souffre, abstiens-toi.* Son maître, Épaphrodite, joüant un jour avec lui à la manière des maîtres, c'est-à-dire, avec brutalité, Épictète lui dit plusieurs fois : *Finissez, vous me casserez la jambe.* Mais Épaphrodite ayant continué, il la lui cassa (encore était-il boîteux de cette jambe dès sa jeunesse). *Je vous l'avais bien dit que vous me casseriez la jambe,* dit froidement Épictète, *la voilà cassée.*

Une de ses maximes favorites était celle-ci : *Avant de te présenter au tribunal des juges, présente-toi à celui de la justice.* Ce philosophe nous a laissé toute son histoire dans ce peu de mots : « Je suis Épictète, esclave, estropié, un autre » Irus en pauvreté et en misère, et cependant aimé des dieux ». Il mourut sous l'empire de Marc-Aurèle. La lampe de terre dont il s'était servi dans ses travaux nocturnes, fut vendue trois mille drachmes.

tenté de présenter à tes compagnons d'infortune la consolation d'une morale pure, il est vrai ; mais qu'est-ce qu'un remède qui ne détruit pas la cause du mal ? Eh ! quoi, pourra dire le disputeur insensé, cet embarras de tous les écrivains tant anciens que modernes, ne pourroit-il pas prouver ?... Blasphême ! non, citoyens, non : cet embarras prouve tout au plus que les hommes de génie eux-mêmes attachés à la chaîne universelle, étaient du côté des victimes de l'oppression ; heureux, s'ils n'étaient pas du côté des oppresseurs !

Quelle que soit l'antiquité d'un crime, cette antiquité ne peut jamais prouver autre chose, sinon l'asservissement de ceux qui gouvernent, soit à leurs passions, soit à leurs tyrans. Eh ! quelles autorités, pour les opposer aux droits sacrés de la nature !!! Oui, tant que le jour sera le jour ; tant qu'un cercle sera un cercle, ces deux mots, *homme*, *esclave*, ne présenteront jamais à l'esprit que l'histoire de la violation de tous les principes, la série de tous les crimes qui peuvent entrer dans le cœur humain ; enfin, deux idées incompatibles, et par conséquent destructives l'une de l'autre (1).

Si j'avais besoin de prouver ici que l'esclavage est aussi opposé au droit civil, qu'il l'est au droit naturel, il serait bien facile de démontrer que l'état civil d'un homme n'est tel que par la loi, et qu'un esclave n'étant point dans la société, ne peut être atteint par aucun institut. Mais tout est

---

(1) « De quelque sens qu'on envisage les choses, le droit » d'esclavage est nul, non-seulement parce qu'il est illégitime, » mais parce qu'il est absurde et ne signifie rien ». J. J. Rousseau, *Contrat social*, livre 1, chapitre 4.

prouvé pour un peuple qui met à la tête de toutes ses décisions, comme à la tête de sa législation, la déclaration des droits de l'homme.

Eh! que servirait d'ailleurs cet étalage de preuves? Serait-ce pour convaincre le tigre qui dévore les peuplades africaines et asiatiques? Serait-ce pour convaincre le marchand d'hommes dont l'ame racornie n'est plus sensible qu'à l'intérêt pécuniaire? Mais, graces à la révolution, nous sommes à-peu-près délivrés de cette espèce dégoûtante d'animaux carnaciers qui se nourrit de sang, de larmes et d'or; et s'il en existait encore, à coup sûr ils ne ne peuvent qu'être fiers du titre de Républicains. Eh bien! je pourrais les faire rougir, s'ils en sont encore susceptibles, en leur montrant l'*ame d'un roi* plus sensible que la leur! l'ame d'un *Louis XIII*, répugnant à commettre le crime de l'établissement de l'esclavage dans les colonies! car il fallut que les prêtres (eh! quels maux n'ont-ils pas provoqués?) lui persuadassent que l'esclavage des Nègres était le moyen le plus sûr de les faire chrétiens, c'est-à-dire, sauver leur ame en détruisant son essence, *la liberté*, et leur procurer le paradis, en leur faisant essuyer ici bas toutes les tortures de l'enfer (1).

Que si j'avais à convaincre des politiques, je pourrais non-seulement, à l'aide de *Rousseau* et de *Montesquieu* (2), prouver que tout ce qui est

---

(1) Voyez le P. Lebat, nouveau Voyage aux îles de l'Amérique. Tome 4.

(2) « Il me semble que quelque pénibles que soient les » travaux qu'exige la société, on peut tout faire avec des » hommes libres ». Montesouieu, *livre 15, tome 1.*

mal en soi, ne peut être bon en aucune circonstance de la législation, et que si l'esclavage est un mal, par cela seul il doit être proscrit par tout bon gouvernement (1) ; que pour conserver des esclaves dans un pays peuplé de citoyens, il faut des lois de sang, et qu'un législateur prudent doit prévenir le malheur de devenir un législateur terrible.

Sans parler ici du danger et de la folie de l'esclavage dans les états démocratiques, je pourrais citer l'histoire de tous les peuples qui ont eu des esclaves, et peindre les tourmens du gouvernement, tantôt pour les maintenir sous un joug souvent secoué, et diminuer (ô forfait !) leur trop grande population ; tantôt pour restreindre la cruauté des maîtres : je citerais les lois succédant aux lois, les réglemens aux réglemens ; aujourd'hui des décrets humains, et demain le *Sénatus-consulte syllanien* (2). L'inquiétude générale de

---

(1) « Il (l'esclavage) n'est pas bon par sa nature ; il n'est
» utile ni au maître ni à l'esclave : à celui-là, parce qu'il
» contracte avec ses esclaves toutes sortes de mauvaises ha-
» bitudes ; qu'il s'accoutume insensiblement à manquer à toutes
» les vertus morales ; qu'il devient fier, prompt, dur, colere,
» voluptueux, cruel. . . . . Dans les démocraties, où tout le
» monde est égal, des esclaves sont contre l'esprit de la cons-
» titution ; ils ne servent qu'à donner aux citoyens une puis-
» sance et un luxe qu'ils ne doivent point avoir ». (*Indè labes*). MONTES. *Tome I. liv. 15, chap. 1.*

(2) Ce *Senatus-Consulte* porte que lorsqu'un maître serait tué, tous les esclaves qui se trouveraient sous le toit, et logés dans un lieu assez près de la maison pour qu'on pût entendre la voix d'un homme, seraient massacrés ; que ceux qui, dans ce cas, réfugieraient un esclave pour le sauver, subiraient la

es états , dans les soubresauts d'une législation
iévreuse , les mouvemens toujours renaissans, les
uerres serviles comparées par Florus (1) *aux
uerres puniques* ; enfin le germe de la destruc-
ion des nations dans le foyer de corruption qu'en-
raîne la tolérance même de l'esclavage. Je pour-
ais faire sentir l'incohérence choquante des lois
ur l'esclavage (si l'on peut appeler lois ce qui
onsacre un crime contre nature), opposer la lé-
islation de Sparte (2) à celle d'Athènes (3) , la
égislation de Carthage à celle de Rome , les lois
Mosaïques (4) à celles de la Tartarie et du Japon ;
analyser leurs divagations , leurs oppositions sur
un même sujet , et en tirer l'induction que toutes
es fois que l'on s'écarte des principes de la vérité .
on s'embarque sur un océan de ténèbres , et que
tous les efforts que l'on fait pour s'y guider ou
'y maintenir , ne servent qu'à provoquer inévita-

---

peine des meurtriers ; que lorsqu'un maître serait tué dans un
voyage , on punirait de mort les esclaves qui auraient fui d'au-
pres de lui , et ceux qui y seraient restés.

(1) *Florus*, livre 3.

(2) A Lacédémone , les esclaves ne pouvaient se plaindre
des insultes et des mauvais traitemens qu'ils éprouvaient tous
les jours ; ils étaient non-seulement esclaves d'un homme , mais
de toute la cité.

(3) A Athènes , les lois sur l'esclavage étaient beaucoup
plus douces. On punissait sévèrement quiconque frappait l'esclave d'autrui.

(4) « Si quelqu'un , dit Moïse , frappe son esclave et qu'il
» meure , il sera puni. (Il ne dit pas comment). Mais si
» l'esclave survit un jour ou deux , le maître ne sera pas puni ,
» parce que c'est son argent. ..... » C'est son argent ! ! !

Discours du citoyen Chaumette.   A 5

blement la perte la plus prochaine.... Mais les temps sont passés où les nations, composées de brigands et d'esclaves, d'animaux féroces et d'animaux imbécilles, n'offraient à l'œil épouvanté que l'horrible spectacle de la dégradation de l'espèce humaine endormie dans le crime, se réveillant quelquefois dans le crime, et finissant par se perdre dans le crime.

Je parle ici à des citoyens tous convaincus de cette vérité, que l'esclavage est le plus grand des maux, et son abolition le plus grand des biens, tant pour les états que pour les particuliers : pour les états, en les préservant de ces agitations violentes qui hâtent leur chûte : pour les particuliers, en les préservant de la contagion de tous les vices qui naissent de l'esclavage qui éteint les hommes!... L'esclavage qui éteint les hommes !... idée accablante et trop vraie ! que n'as-tu frappé l'ame de ces législateurs que l'histoire nous cite avec tant d'orgueil ! que n'ont-ils proscrit jusqu'au mot d'esclave ! Hélas ! si vous n'aviez été peuplées que de citoyens égaux et libres, peut-être vous existeriez encore, magnifique *Palmyre* (1) ; et vous *Thèbes* (2),

---

(1) Une des plus grandes, des plus riches et des plus belles villes de l'antiquité, dont il ne reste plus, près les rives de l'Oronte en Syrie, dans la contrée appelée le Désert, qu'un amas immense de ruines qui présentent, par la beauté des corniches et des colonnes renversées, une idée de la grandeur et de la science de ses habitans.

(2) Thèbes. *Hécatompylos.* Les régens de collége traduisaient ce mot par *cent portes* ; mais les républicains plus instruits disent *cent palais.* Cette ville était la capitale de la Béotie. Elle fut ruinée par le *brigand Alexandre.* Les poëtes nous disent qu'elle fut ceinte de murailles par Amphion. Elle

la première des cités ! vous existeriez peut-être encore, antiques *Persans*, dont la population immense s'étendait de l'Indus (1) à la Méditerranée ! mais, instrumens de la tyrannie, et tyrans vous-mêmes, vous aviez dans vos usages et vos lois le principe de votre anéantissement. Les hommes, chez vous, étaient divisés en deux parts, celle qui commande et que l'on hait, et celle qui obéit et ne pardonne jamais (2).

Attaqués par de véloces et nombreux voisins, vous avez armé vos esclaves : ET vous n'avez opposé que des remparts de cadavres à l'intrépidité des vainqueurs ; ET bientôt moissonnés vous-mêmes par la flèche rapide qui ne choisit pas sa victime, entassés sur vos esclaves étendus, vous avez abreuvé de votre sang cette même terre qu'ils arrosaient hier de leurs sueurs et de leurs larmes, pour la forcer à vous prodiguer ses trésors ; ET vos cités bouleversées ne sont plus qu'un amas de décombres qui n'ont d'autre ciment pour les lier entr'elles, que la ronce que déchire le pied du voyageur ; ET vos ports comblés, vos

---

eut deux célèbres capitaines, *Epaminondas* et *Pélopidas*. C'était la patrie du poëte *Pindare*. La fable y fait naître les deux Bacchus et Hercule. Il y avait plusieurs villes de ce nom, toutes célèbres et toutes détruites, ou réduites à de malheureux villages.

(1) Le plus grand de tous les fleuves de l'Asie, et qui a donné son nom à l'Inde qu'il arrose. L'histoire rapporte qu'Alexandre mit cinq mois dans sa navigation sur ce fleuve, quoiqu'il fît au moins six cents stades par jour. Il prend sa source au mont *Paropamissus*, près le *Caucase*.

(2) *Metus et terror est, infirma vincula caritatis, quae ubi removeris, qui timere desierint. odisse incipient.*

temples renversés, vos palais détruits ; l'éloquent
silence des tombeaux succédant au murmure de
la vie sociale, attestent aux générations qui vous
survivent les outrages que vous fîtes à la nature,
en consacrant chez vous l'esclavage, et la vengeance terrible qu'elle sut en tirer, en combi-
nant contre vous, dans ses calculs infinis, tous ses
grands moyens de destruction.

Où sont-ils les remparts sacrés de *Lacédémone*, (1) les portiques d'*Athènes*, (2) les flottes
de *Tyr*, les immenses travaux de *Sydon* (3),
les temples de *Persépolis* (1) ? où sont-ils ces im-

----

(1) Ou *Sparte*, ville ancienne du Péloponèse, sur les bords
de l'*Eurótas*. *Lycurgue* fut son législateur. L'amour de la patrie,
les vertus républicaines, le respect pour les dieux et les
vieillards étaient la base des mœurs de ses habitans. C'est
de Lacédémone que sont sortis les plus grands capitaines : et
cette ville n'est plus !

(3) C'était la capitale de l'Attique. Elle eut pour législateur
Solon. Une grande douceur dans les mœurs, un goût exquis,
et un grand respect pour les beaux arts, formaient le caractère principal de ses habitans. Poëtes, orateurs, historiens,
guerriers, elle avait tout, et rien de médiocre dans ce qu'elle
avait. On voyait dans Athènes les plus beaux édifices du
monde. Elle ut dans l'antiquité la pépinière, le rendez-vous
et l'école des grands hommes dans tous les genres. Elle n'est
plus !

(3) Ville très-ancienne de la Phénicie, située autrefois sur
les bords de la mer. Cette ville était fameuse par ses immenses
ateliers.

(1) C'était jadis la capitale de toute la Perse. Les temples
du soleil ou *Mithras*, dont je parle ici, étaient de superbes
plaines plantées d'arbres fruitiers de toute espèce, arrosées
par des sources d'eau vive, et ornées des plus belles fleurs.
Alexandre étant ivre (ce qui lui arrivait souvent), fit détruire

menses troupeaux de *Memphis* (2) ? qu'est devenu ce monde de laboureurs , de pasteurs , d'artistes , de matelots , de guerriers ? ô terres désolées et veuves d'habitans , ruines mousseuses , vous n'offrez plus à mon imagination effrayée que la vaste urne cinéraire de cent peuples détruits , sur laquelle la nature a gravé , de ce doigt qui ouvre les entrailles de la terre et remue les élémens , votre épitaphe en trois mots : ESCLAVAGE , CORRUPTION , DESTRUCTION.

Mais sans aller interroger les tombeaux des anciens ; sans aller dans la nuit des temps déterrer les funestes effets de l'esclavage ; sans même nous arrêter sur les premiers siècles de la France esclave , sous le système de la féodalité et de la servitude

---

cette ville , pour venger , disait-il , les Grecs , tandis que lui-même les asservissait.

Le dieu *Mithra* ou *Mithras* , qui n'est autre chose que l'*Adonis* ou *Adonaï* des Phéniciens , l'*Atys* des Phrigiens , le *Bacchus* des Grecs et l'*Osiris* des Égyptiens , étoit connu sous l'emblême de l'*agneau* ou *bélier, rédempteur, sauveur, expiateur.* C'était, selon *Jean* , l'un des initiés, *la lumière qui éclaire tout œil s'ouvrant dans le monde.* Le dieu *Mithra* de Persépolis étoit né , comme le *Christ* de *Hiérusalem* , le 25 décembre ; et tous les ans à pareille époque , à l'heure de minuit , au moment où la constellation de la Vierge monte sur l'horizon , l'on célébroit l'anniversaire de cette naissance mystérieuse. La constellation de la Vierge était dessinée dans toutes les sphères anciennes sous les traits d'une jeune vierge allaitant un enfant , qu'on appelait *Iesous* (Isis.)

Voyez Porphyre, *de mysteriis Ægyptiorum.* Boulanger, de l'Ant. dévoilée ; et les Mémoires de l'acad.

(1) Ville de l'Égypte , célèbre par ses édifices publics , mais encore plus par les immenses et superbes troupeaux d'*Ogdeüs* , l'un de ses rois.

personnelle, fixons un moment nos regards sur des faits beaucoup plus près de nous. Suivons dans sa course impie ce vaisseau négrier qui, semblable au *Taureau de Phalaris* (1), doit consumer tant de victimes humaines. Voyons-le aborder la cote d'Afrique, et vomir sur des rivages jadis heureux, l'art infernal de diviser les hommes, de les tenir continuellement en guerre, afin d'acheter leurs prisonniers pour des liqueurs fortes qui empoisonnent les vainqueurs. Voyons les plus belles contrées du monde habitées par un peuple doux par essence, et transformé, par l'esclavage, en un ramas de fauves occupées, grace aux ressources Européennes, à se déchirer impitoyablement, à se charger de fers et se vendre tour-à-tour, pour se voir ensuite transplanter dans des contrées inconnues, y subir le sort des bêtes de somme, et ne voir la fin de tant de maux que sous la tombe. Suivons l'avide marchand d'hommes dans toutes ses opérations ; voyez-le entasser ses victimes les unes sur les autres dans un espace étroit, infect, étouffé ; meurtrir sous les sinuosités d'une corde goudronnée, le sein encore plein de lait ; voyez la jeune épouse arrachée à son

---

(1) *Phalaris*, tyran des *Agrigentins*, inventait tous les jours de nouveaux supplices qu'il faisait essayer sous ses yeux. Enfin, il fit construire, d'après les dessins de *Peryllo*, un taureau d'airain qu'on faisait rougir au feu pour y enfermer des hommes vivans, et flatter l'oreille du tyran par les cris affreux de ces pauvres victimes. *Peryllo*, l'inventeur de la machine infernale, y fut jeté le premier. (Avis aux inventeurs de tortures). Mais Phalaris se rendit si odieux par ses cruautés, que le peuple indigné, le brûla à son tour, tout vif, dans le même taureau où il avait fait périr tant d'hommes. (Avis aux tyrans).

époux, à ses enfans, qui sont déjà morts, privés des soins maternels ; entendez les gémissemens de ces infortunés (1) appelant la mort à toute

---

(1) Ceux qui ne savent pas ce que c'est qu'un vaisseau négrier, pourront l'apprendre de M. *Falconbridge*, dans son Tableau de la Traite des Nègres. Figurez-vous d'abord un espace dans l'entre-pont large de deux ou trois pieds, où les nègres sont entassés, dans lequel ils ne peuvent non-seulement se tenir debout, mais pas même assis pour peu qu'ils soient grands. Ils y sont enchaînés deux à deux par les deux pieds et les deux bras, ensorte que l'un est toujours associé aux douleurs et à la maladie de l'autre. Dans cette situation, étouffés par une chaleur brûlante et fétide, ils se heurtent et s'ensanglantent continuellement au plus léger roulis du vaisseau. Là, ils éprouvent très-souvent des maladies épidémiques, telles que la dyssenterie et le flux de sang ; mais écoutons là-dessus le rapport d'un chirurgien cité par *Falconbridge*. « Un grand vent nous ayant surpris, nous fûmes » obligés de fermer nos sabords : alors la fièvre et le flux » augmentèrent. J'allais souvent les visiter (les nègres) ; mais » à la fin, l'atmosphère de l'entre-pont devint si fétide qu'elle » était insupportable au-delà de trois minutes. Le plancher » était si couvert de pourriture et de sang, qu'il n'est pas possible » d'imaginer une situation si horrible et si dégoûtante. Un » grand nombre de ces esclaves étaient sans connaissance. On » les porta sur l'entre-pont où le plus grand nombre mourut ». Un témoin oculaire écrivait à *Court de Gebelin* : « J'ai vu » jusqu'où peut aller la barbarie européenne ; j'ai vu faire » provision de poison pour éviter la révolte des noirs sur un » vaisseau négrier ; j'ai vu faire usage d'instrumens inventés » pour les faire manger par force, après les avoir martyrisés » par la question du *palan* : mais malgré les extensions de » membres et la flagellation la plus cruelle, j'en ai vu périr » beaucoup opiniâtrés à ne point manger, quoiqu'avec des » cornes en entonnoir on leur versât par force des alimens » liquides dans le gosier. Heureux sont ceux qui peuvent » ainsi s'arracher par la mort à l'esclavage le plus affreux, » et à des tyrans si féroces ! »

minute marquée pour eux par un supplice nouveau ; voyez-les . . . . Mais quittons ce gouffre
destructeur, et débarquons avec le reste de ces
pauvres esclaves assez malheureux pour avoir
echappé à la maladie ou au désespoir qui a mois-
sonné la moitié des leurs.

Si nous débarquons dans quelques-unes des
Antilles, qu'y verrons-nous? des Portugais enervés
de mollesse, dont l'aspect nous rappellera la san-
glante origine de l'esclavage dans ces contrées.
Les étaux des bouchers où furent mis en pièces
les restes des Mexicains, pour servir de pâture
aux chiens des vainqueurs, viendront se peindre
dans notre pensée et nous faire frémir d'horreur :
si nous débarquons à la *Guadeloupe* ou à *Saint-
Domingue*, nous y verrons une longue suite
d'esclaves courbés d'un soleil à l'autre sur un sol
brûlant, et sous le fouet d'un piqueur inhumain,
invoquer tout bas la mort ou bien la Liberté (1) ;
quelques-uns, au retour des ombres, s'entretenant
(toujours tout bas) des bords qui les ont vu
naître, poussant des soupirs vers le ciel, et appelant en vain un libérateur . . . . hélas ! et si par
hasard ils sont entendus, que de douleurs ! . . .
Mais rassurez-vous, citoyens ; non, je ne vous
peindrai pas les tortures qu'ils ont à souffrir ; il
faut l'imagination d'un *Louis XI* pour pouvoir
s'appesantir sur de pareils détails : hélas ! ils ne sont

---

(1) Il n'est pas rare de voir des mères étouffer leurs enfans
par tendresse et par pitié pour eux. Il est moins rare encore
de voir des nègres avaler leur langue et s'étouffer ainsi. Cette
manière d'avaler sa langue est même un art que tout le monde
ne possède pas : il se transmet en secret, comme l'initiation
aux mystères de la délivrance.

que trop connus !..... Ils ne pleurent plus, les malheureux nègres ; il y a bien long-temps que la dernière larme a rafraîchi leur paupière desséchée : heureux encore, si dans leurs cœurs nés pour aimer avec énergie, toutes les passions n'ont pas fait place à la haine fortement prononcée. Alors leur pensée active et bouillante devient l'atelier de tous les crimes ; aussi prompts à se communiquer leurs desseins qu'habiles à les exécuter, ils vont ravager toute une contrée, pour ensuite périr eux-mêmes sur les débris qu'aura fait naître une rage long-temps concentrée.

Voyez-vous ces gros tourbillons de flamme et de fumée ! Eh bien ! c'est le théâtre de la plus affreuse de toutes les guerres. Dix mille esclaves, vingt mille maîtres, sont armés ; l'incendie et la dévastation indiquent les traces horribles des combattans ; la terre est jonchée de cadavres : rien ne ralentit la fureur de part ni d'autre ; c'est la guerre de la vengeance, elle est terrible !.... Eh Dieu ! pourquoi donc tant de crimes, tant de malheurs, tant de tourmens, tant de fléaux, tant de carnage, tant de sang ? pourrions-nous le croire, si l'expérience ne le prouvait tous les jours ; c'est pour satisfaire à l'insatiable cupidité de quelques familles européennes qui dépeuplent, ravagent les deux tiers du monde connu, afin de fournir aux autres portions, qu'ils soumettent encore à leur comptoir, quelques superfluités.

Parlez à ces êtres là, des loix sacrées de la nature, des principes de la civilisation, des droits imprescriptibles de l'homme; ils vous répondront froidement : *c'est mon commerce*.........*Et* malheureux ! *Mandrin* et *Louis XIV*, *Charles IX* et *Desrues* avaient aussi leur commerce.

Réponds, si tu as encore une conscience, était-il légitime ?

Parlez-leur, avec l'accent de la pitié, des maux qu'occasionne l'esclavage à ceux qui le tolèrent et à ceux qui en sont les victimes ; peignez-leur tous les dégâts dont il est la cause ; et ils vous répondront, en accolant quelques chiffres : « Trois » cent mille esclaves, à mille livres, l'un por- » tant l'autre, font trois cents millions que l'on » perdra, ... et ... » Arrête, n'achève pas d'outrager la nature en ma présence ; ... je ne veux pas te répondre ; mais je dirai à ma patrie : Ces trois cent mille esclaves, *qui n'ont jamais pu être achetés ni vendus*, formeront une armée de trois cent mille hommes invincibles, puisqu'ils se battront pour leur liberté et pour celle d'un pays qui sera *leur*.

Les Colonies françaises, ravagées par les différens partis qui se les sont disputées, trouveront tout-à-coup trois cent mille cultivateurs intéressés à leur prospérité. L'esclave n'a ni bras ni pensée; c'est une machine mise en mouvement malgré elle : l'esclave, devenu libre, retrouve des bras, une raison, un cœur reconnoissant; toutes ses facultés se doublent, et il les consacre à la patrie.... Pardon, citoyens, si je me suis trop appesanti sur les maux dont l'esclavage a été la source. J'ai cru que, pour mieux sentir toute la grandeur du bienfait de sa destruction totale, il étoit bon de nous entretenir de toutes ses horreurs. Nous l'avons vu, comme un vaste cancer, couvrant le globe entier de ses ramifications vénimeuses, empoisonnant tantôt l'un, tantôt l'autre hémisphère, quittant une contrée totalement ravagée, pour porter la désolation dans une autre, puis revenir à la première après sa repopulation ; nous l'avons vu étendant sur le monde antique, et sur le monde moderne, les crêpes de la mort : mais aujourd'hui le tocsin de la justice éternelle a sonné, les paroles sacramentelles ont été prononcées par l'organe d'un Peuple puissant et bon : *L'ESCLAVAGE EST ABOLI.*

Est-ce ta voix, ô nature ! est-ce ta voix qui vient de se faire entendre ; ou si les voûtes du temple des loix n'ont fait que lui servir d'écho ? Ministres de la morale des nations, heureux législateurs, vous l'avez prononcé ce décret immortel : il est déjà votre récompense. Entendez-vous ce concert d'actions de graces, ces cris d'alégresse et de bénédiction, partis du milieu de ces esclaves dont vous venez de briser la chaîne. Les voyez-vous ces hommes, la joie peinte sur la figure, bondir comme le jeune Faon en criant *Liberté* ! et courir raconter leur bonheur à toute la nature ? Ils le disent aux arbres, aux rivières, aux montagnes.... Eh oui ! semblable à l'éclair électrique qui parcourt en un clin d'œil l'espace incalculé, l'oracle que vous venez de prononcer sur les rives de la Seine, va bientôt retentir de la *cime des Cordilières* (1),... dans les antres glacés de la *Sibérie* (2)... Mais que vois-je ?... hommes noirs !... la flèche homicide entre vos mains ! ....

---

(1) Ce sont les plus hautes montagnes du monde, selon les voyageurs ; elles sont situées dans le Pérou.

(2) Tout le monde sait que le gouvernement russe fait périr par année plus de dix milliers d'esclaves dans les mines de la Sibérie, où on les emploie à extraire les métaux et les pierres précieuses, telles que l'*aigue* et le *crystal de roche.*

Bientôt elle va, signal de la guerre, parcourir toutes les habitations de la contrée ; le sang va couler encore.... Arrêtez, gardez cette flèche pour le *Gesler* (3) anglais ou espagnol qui tenteroit de vous réasservir. Arrêtez, il n'y a plus dans le pays que vous habitez, ni maîtres durs à punir, ni esclaves à délivrer ; vous êtes tous égaux. Oui tous égaux !... Voyez-vous les fruits noirs du *Troëne* (*Kenna*) (4), mêlés aux bouquets blancs de l'oranger ? Le soleil éclaire, vivifie l'un et l'autre sans distinction, et ce mélange forme un spectacle enchanteur : eh bien ! voilà désormais votre destinée. Allez maintenant, allez sur les tombeaux de vos pères immolés à l'avidité des nôtres ; formez-y des chœurs, oubliez avec les romances plaintives de vos *Guyriots* (1),

----

(1) *Gesler*, gouverneur en Suisse pour l'Autriche, ayant, dans un accès de despotisme, obligé *Guillaume Tell* à abattre avec sa flèche une pomme placée sur la tête de son fils, celui-ci l'abattit. Mais une flèche cachée sous les vêtemens de ce malheureux père, trahit ses intentions. *A quoi bon cette autre flèche*, demanda Gesler ? *Je la réservais pour toi,* répondit Guillaume Tell, *si j'avais eu le malheur de tuer mon fils.* Ce *Gesler* fut le premier scélérat qui cimenta, par sa mort, la liberté des Suisses, dont *Guillaume Tell* et ses braves compagnons furent les fondateurs.

(1) Espèce de troëne d'Afrique. Les négresses s'en servent pour teindre leurs ongles, et quelquefois leurs cheveux en rouge. Cette couleur reste souvent jusqu'à la nouvelle reproduction : ce qui a fait croire à quelques voyageurs qu'il y avait des femmes africaines qui avaient les cheveux et les ongles rouges. Notre troëne est un petit arbrisseau qui rapporte des baies noires, lesquelles servent à faire une jolie teinture violette.

(3) *Guyriots*, chansonniers nègres ; on leur attribue quelques romances madécasses, sans art, mais pleines de sentiment.

toutes vos peines, tous nos torts et les vôtres ; ne songez plus qu'à votre bonheur. Entonnez des chants de liberté ; que votre cri de ralliement soit désormais *France* et *Convention nationale*. Ah ! sur-tout recueillez précieusement les cendres de votre fidèle ami, du courageux *Ogé*. Le premier il osa vous parler de liberté ; fort de toute la force que donnent la vertu et la conscience d'un homme libre, le premier il osa braver la tyrannie. Vainqueur sans cruauté, il fut vaincu sans montrer de foiblesse, et mourut en grand homme. Sur l'échafaud même, son port majestueux et sa force d'ame semblaient commander à ses vils bourreaux. Dressez - lui, hommes nouveaux, dressez - lui un monument simple comme vos cœurs ; suspendez - y pour trophées tous les infâmes attributs de l'esclavage passé ; gravez - y, pour appaiser son ombre, ces mots qui sont le gage de votre félicité : Decret de la Convention nationale, qui abolit l'esclavage. Et toi, cendre d'Ogé, cendre respectable et chérie, reçois, de la part d'hommes libres, le juste tribut d'éloges que méritent les grands efforts que tu fis, et les mâles vertus que tu déployas ; attends en paix que la nation, dont tu fus l'interprète hardi, ait elle-même prononcé, sur ta vie et tes travaux, son irrévocable jugement.

Pour nous, citoyens, réunis aujourd'hui pour célébrer une des plus belles époques de notre révolution, gardons-nous de prévenir, par des vœux indiscrets et précipités les décisions de nos légis-lateurs pour l'exécution de la loi dont nous venons de parler ; craignons que trop d'empressement ne retarde encore le bonheur de nos frères de couleur ; attendons avec confiance l'effet des mesures sages que doit prendre le gouvernement pour préparer des yeux affoiblis, aux torrens de lumière qui vont les frapper; craignons qu'une ivresse hâtive ne s'empare avec trop de violence de ces hommes tout neufs pour la liberté, et n'excite encore parmi eux des mouvemens qui pourraient être funestes, et à eux, et à nous. C'est au pilote qui ordonne la manœuvre du vaisseau à la diriger et la suivre de l'œil. Ah! croyez que la Convention nationale est aussi impatiente que vous de jouir du spectacle d'un monde d'heureux. Reposons-nous donc sur son expérience et sa sollicitude paternelle, du soin de répondre par des faits authentiques aux argumens des ennemis de la liberté des Noirs; contentons-nous de chanter la nouvelle victoire qu'elle vient de remporter sur d'antiques préjugés. Célébrons les desseins éternels de la nature dont elle a constamment été l'organe; fêtons dans la personne des Représentans du peuple, députés des colonies, nos frères qu'ils ont laissés au-delà des mers, dans l'attente du plus grand de tous les biens, et jouissons par anticipation du plaisir qu'ils éprouveront à leur annoncer *la bonne nouvelle*; enfin, que cette journée soit consacrée à chanter l'égalité et la liberté.... Vive l'égalité! vive la liberté!

DE L'IMPRIMERIE NATIONALE.

— 6 —

LES AFRICAINS

OU LE

TRIOMPHE DE L'HUMANITÉ,

COMÉDIE EN UN ACTE ET EN PROSE,

Représentée sur les principaux Théâtres
de la République.

Par LARIVALLIERE.

———

A PARIS,

Chez MEURANT, Libraire, cloître
Honoré.

L'AN TROISIÈME.

Je déclare que je poursuivrai devant les Tribunaux, tout entrepreneur de Spectacles qui feroit représenter cette Comédie sans mon consentement par écrit.

Paris, le 21 Prairial, l'an troisième de la République Française, une et indivisible.

LARIVALLIERE.

C'est à toi, ma tendre mère, que je dédie ce faible ouvrage, premier fruit de ma plume ; c'est le don de l'amitié. Pour tracer le meilleur, le plus sensible des pères, il ne m'a fallu que lui prêter ton cœur, et j'ai fait parler le mien en peignant le plus reconnaissant des fils.

LARIVALLIERE.

PERSONNAGES.

AGA , (noir), habitant de l'Isle.

ZAMOR , fils d'Aga , et amant de Zélia.

ZÉLIA , (négresse), élevée par Aga.

DORVILLE , (blanc) , capitaine d'un navire en traite.

DAUSIER , (blanc), second capitaine.

COMPTAR , (blanc), chef d'un comptoir de l'Isle.

Foule de Nègres , Négresses et Matelots.

La Scène est à Juda , côte d'Afrique.

LES AFRICAINS

O U L E

TRIOMPHE DE L'HUMANITÉ,

C O M É D I E.

Le Théâtre représente une plaine semée d'arbres Africains ; à droite, au pied d'une montagne est une mauvaise cahute ; l'enfoncement offre la mer, un navire arrêté, et quelques bouts de montagnes.

SCÈNE PREMIÈRE.

COMPTAR, DAUSIER, (*venant de la mer*).

COMPTAR.

OH ! vous avez bien raison, monsieur Dausier, la vertu est une belle chose.

DAUSIER.

Tous les hommes sont d'accord là dessus ; mais tous ne la pratiquent pas : notre patrie dont je vous parlois tout-à-l'heure, en a fait une funeste expérience, bien des scélérats l'ont déchirée, en se couvrant du masque imposant de la probité.

COMPTAR.

Eh, ne les en avez-vous pas punis ?

DAUSIER.

Si fait ; mais leur mort n'a point guéri la plaie qu'ils ont faite a l'humanité.

COMPTAR.

Vous êtes le premier Français qui a porté toutes ces nouvelles à la côte d'Or. Je suis bien curieux de revoir ma patrie.

DAUSIER.

Mais vraisemblablement vous y reviendrez bientôt.

COMPTAR, (*avec vivacité*).

Eh, pourquoi si promptement ?

DAUSIER.

Lorsque nous sommes partis, la traite étoit à la veille d'être supprimée.

Comptar, (*d'abord surpris, puis en colère*).

Supprimée ! Comment, supprimée ? Ce seroit une horreur, une abomination, éteindre le commerce ; ah ! Cela seul gâteroit tout ce que vous avez fait.

Dausier, (*à part*).

Parce que cela diminue ses richesses. Les hommes jugeront-ils toujours par leurs intérêts ?

Comptar.

La France seroit ruinée, vous y seriez tous pauvres : plus de fortune, plus de café, plus de sucre, plus de bonheur.

Dausier.

Croyez qu'il n'est pas un homme sensible qui ne sacrifie sans peine de frivoles jouissances qui coutent si cher à l'humanité.

Comptar.

Contes que tout cela !..... Je n'en crois rien.... tout seroit perdu, si la traite étoit supprimée ; (*regardant la montagne, et appercevant Aga qui en descend*) ; ah, ah ! c'est Aga : ai-je bien son billet sur moi ? (*il cherche son porte-feuille*) ; oui, le voici.

D A U S I E R.

Avez-vous quelques papiers à me remettre?

C O M P T A R.

Non; c'est un engagement du noir que j'apperçois là-haut.

D A U S I E R.

De ce bon-homme?

C O M P T A R.

Oui; c'est un bon vieillard à qui j'ai des obligations : lorsque j'arrivai matelot dans cette isle, il me prit en amitié, me plaça sur un comptoir qu'il régissoit alors ; je lui dois enfin ce que je possède aujourd'hui.

D A U S I E R.

Que de générosité !

C O M P T A R.

Il est étonnant par son esprit naturel et ses bonnes qualités; on l'aime et le respecte dans tout le canton.

D A U S I E R.

Vous doit-il beaucoup?

COMPTAR.

Cent piastres, pour du corail que j'ai vendu l'année dernière à un de ses amis dont il s'est rendu caution.

DAUSIER.

Et il est obligé de payer pour lui?

COMPTAR.

Oui; son ami est mort; mais je crains qu'il ne le puisse pas.

DAUSIER, (*avec bonté.*)

Eh bien, tant mieux!

COMPTAR.

Comment, tant mieux?

DAUSIER.

Sans-doute; il vous a rendu des services, c'est un moyen de vous acquitter.

COMPTAR.

Je n'entends pas cela. Le beau plaisir !

DAUSIER, (*à part.*)

L'ingrat! (*haut.*) Je vous laisse avec lui.

C O M P T A R.

Allons, bonjour monsieur Dausier ; je vous reverrai pour quelques ventes de Nègres.

D A U S I E R.

Ce n'est pas à moi, c'est au capitaine qu'il faut vous adresser.　　(*Il sort.*)

S C È N E I I.

COMPTAR, AGA, (*n'appercevant point Comptar et allant pour entrer dans sa cahute.*)

COMPTAR, (*lui frappant sur l'épaule*).

Bon jour, bon-homme Aga.

A G A.

Eh, bonjour, monsieur Comptar ; comment vous portez-vous. ?

C O M P T A R.

Bien, mon bon ami ; fort bien. D'où venez-vous ?

A G A.

Du haut de la montagne ; mon fils
chasse dans le morne voisin, je crains
toujours qu'il ne lui arrive quelqu'acci-
dent.

COMPTAR.

Il est agile et robuste.

A G A.

Il m'est précieux ce cher enfant ; il
m'aime tant... tant ! Il a de si bonnes
qualités !

COMPTAR.

Il est charmant.

A G A.

C'est l'ouvrage de la nature ; il a senti
ses devoirs, il les remplit plus exactement
que si je les lui avois prescrits. Il faut que
le cœur parle aux hommes.

COMPTAR, (*avec indifférence*).

C'est possible.

A G A, *avec feu.*

Possible ! C'est sûr. L'homme qui ne sent
pas, qui n'a pas un cœur, de l'humanité,

l'amour de la patrie, est un monstre qu'on devroit étouffer pour le bonheur de son pays.

COMPTAR.

C'est mon avis. Mais, à propos, voilà le billet de cent piastres que vous m'avez cautionné pour le défunt Azor ; il échoit aujourd'hui.

AGA.

Hélas ! en l'obligeant je ne songeois pas aux peines qui pourroient suivre ce plaisir ; mais quand j'y aurois pensé, je lui eusse également rendu ce service ; cela fait tant de bien !... Je n'ai pas oublié ce billet ; il m'eut donné bien du chagrin, si un autre que vous en étoit porteur.

COMPTAR.

Voulez-vous me l'acquitter ?

AGA.

Ah oui, je le voudrois ; mais je ne suis pas riche, il me faut travailler longtemps pour gagner une aussi forte somme.

COMPTAR.

C'est votre faute ; pourquoi avoir laissé cette excellente place que vous occupiez sur un comptoir négrier ?

A G A.

Parceque j'en ai senti toute la bassesse, toute l'inhumanité : jeune, je la gardai sans réfléchir, mais quand la raison m'a ouvert les yeux, quand j'ai connu tout le prix d'un homme, j'ai frémi d'avoir osé le vendre, et je mourrois plutôt mille fois que de faire encore ce commerce abominable.

COMPTAR.

Fausse délicatesse... Pour des noirs....

A G A.

Comment, des noirs ? Ne sommes-nous pas frères ? Comptar, les climats changent l'extérieur des hommes ; mais leur cœur est partout le même.

COMPTAR.

Enfin, de quelle manière voulez-vous me payer ?

A G A.

En fatiguant mon corps par un travail pénible, en vendant ma sueur le plus que je pourrai ; mais non pas en commettant des crimes.

COMPTAR.

J'ai besoin de cet argent.

AGA.

Je vous le donnerai, attendez un peu de tems.

COMPTAR.

Il me le faut aujourd'hui.

AGA.

Aujourd'hui ! oh, vous ne me refuserez pas un petit délai ? Désormais tout le fruit de mon travail sera pour vous, les chasses de mon fils, les pêches de Zelia, vous aurez absolument tout.

COMPTAR.

Je ne puis vous attendre.

AGA.

Vous ? Le plus riche de l'isle ? Quelques mois seulement, nous y joindrons les intérêts.

COMPTAR.

C'est impossible.

A G A.

Vous avez donc oublié l'amitié du bon-
homme Aga ?

C O M P T A R.

Je sais combien je vous suis redevable ;
mais j'ai absolument besoin de cette somme ;
je suis gêné.

A G A.

Vous rebutez mes larmes ? Ces larmes
qui ont souvent coulé pour le moindre de
vos maux , ne peuvent vous toucher aujourd'hui ? Mon bon ami , consultez votre
cœur, et voyez si vous voulez me faire de
la peine.

C O M P T A R.

J'y répugne ; mais j'y suis forcé.

A G A.

N'apprendrai - je jamais à connoître les
hommes, moi qu'ils ont si souvent trompé ?

COMPTAR , (*après un moment de silence*).

Tu as un bon moyen pour t'acquitter
promptement avec moi.

A G A.

Quel est-il ? Parlez.

C O M P T A R.

Vends ton fils, nos lois t'y autorisent.

A G A, (*avec sentiment*).

Homme barbare ! Vous prononcez ces mots, et ne frémissez pas ? Plutôt vous payer de mon sang que de suivre ces lois abominables. Moi, vendre mon cher fils ! Vous ne savez donc pas ce que c'est d'être père ?

C O M P T A R.

Je sais qu'un père est le maître du sort de son fils.

A G A.

Vains discours. Un homme est à lui, et n'appartient à personne ; et quand encore il m'appartiendroit, croyez - vous que je payerois mes dettes de son bonheur ? Croyez-vous que je ne lui ai prodigué mes soins et mes caresses que pour en tirer plus d'argent ? Quel mérite a donc ce métal à vos yeux, pour éteindre dans votre cœur jusqu'aux sentimens de la nature ?

COMPTAR.

C o m p t a r.

Tes camarades le font bien.

A g a.

Leur crime est votre ouvrage. Comment ce soleil que nous adorons, souffre-t-il que quelques ambitieux fassent ainsi le malheur d'une nation entière ? Un jour le règne de la raison reparoîtra, les hommes apprendront à se connoître, et vous serez victimes de l'ignorance où vous les avez plongés.

C o m p t a r.

Vos menaces m'ennuient, et je pourrois bien vous forcer......

A g a.

M'y forcer ? Juste ciel ! Il le pourroit ; personne ne prendroit ma défense. — Excusez ma vivacité ; mettez-moi aux travaux les plus fatiguans, payez-moi la moitié de leur valeur, employez le reste de mes jours pour acquitter cette dette ; mais laissez-moi la liberté.

C o m p t a r.

Il ne falloit pas contracter des dettes, vous l'eussiez conservée.

B

A g a.

Me faites - vous un crime d'avoir obligé
mon ami ?.... Vous ne savez donc pas tout
le bien que cela fait ?....... Non, non;
si vous le saviez, vous ne me refuseriez pas.

C o m p t a r.

Trève de sensibilité et de beaux discours ;
je n'ai pas de tems à perdre, il me faut de
suite mon payement.

A g a.

J'apprends à te connoître ; mes bienfaits
sont déjà oubliés. Qui t'établit ici ? Qui t'y
a nourri plusieurs années ? C'est cet Aga
que tu refuses : je t'obligeois alors, je te
supplie aujourd'hui.

C o m p t a r.

Je n'ai qu'un mot : il me faut de l'argent.

A g a.

C'est envain que je le sollicite. Eh bien,
tu vas causer mon malheur ; mais je ne
ferai point celui de mon fils, je ne le sa-
crifierai point.... Mene-moi, moi-même au

capitaine qui achète des hommes ; voyons
si le reste de ma vie peut acquitter la foible
somme que je te dois.

C o m p t a r, (*surpris*).

Vous ?

A g a.

Oui, moi. Ce procédé t'étonne, tu sacri-
fierois tout à ton intérêt ; mère, fils, rien
ne couteroit à ton infâme personnalité ;
viens, homicide, viens vendre le malheureux qui prit soin de ton enfance ; n'envisage que l'argent qui va t'en revenir ;
oublie tous les devoirs, tous les sentimens
d'humanité.

C o m p t a r, (*à part*).

Lui !... N'importe ; il me faut de l'argent.
(*Haut*), allons.

A g a, (*avec sensibilité*).

Grand dieu ! Je mourrai de douleur,
mais le sang de mon fils ne payera pas cette
dette. (*Appercevant Zamor qui descend
la montagne*). Juste ciel ! Je le vois qui
s'avance. Entraîne-moi, cruel, consomme
ton ouvrage, dérobe lui jusqu'aux derniers
regards de son père.   (*Ils sortent*).

SCÈNE III.

ZAMOR, (*seul*).

(*Il descend lentement la montagne, un arc sur l'épaule, et un paquet de gibier à la main, qu'il pose contre un arbre*).

Bien bonne chasse aujourd'hui.... Voilà de quoi nourrir long-tems mon père et ma maîtresse.... (*il se promène*); nous bien heureux sans ce vilain billet.... comment faire pour le payer?.... Nous travaillerons; avec de la santé et du courage on peut se passer des autres, mes bras sont foibles encore; mais ils leveront de pésans fardeaux, quand ce sera pour soulager mon père, pour acquitter une dette d'honneur, et pour le bonheur de ma chère Zélia. Mais elle accourt bien agitée.

SCÈNE IV.

ZÉLIA, ZAMOR, (*ils se jettent dans les bras l'un de l'autre ; Zélia toute essonflée vient du côté où Aga et Comptar sont sortis*).

ZÉLIA.

Mon bon ami !

ZAMOR.

Qu'as-tu , ma chère ?

ZÉLIA.

Ah , grand malheur !

ZAMOR.

Dis vite.

ZÉLIA.

Ton père !

ZAMOR, (*effrayé*).

Grand dieu ! Que lui est-il arrivé ?

ZÉLIA.

Lui vendu !

ZAMOR.

Lui vendu? Oh! non, non; ça pas possible.

ZÉLIA.

Moi sûre, te dis-je; pour Comptar.

ZAMOR.

Cet homme l'y auroit-il forcé? Lui pas assez cruel : mais peut-être mon père n'a t-il pu soutenir plus long-tems le fardeau d'une dette. Moment terrible !

ZÉLIA.

Nous bien chagrins! eh! que faire, bon ami ?

ZAMOR.

Mon devoir, ma Zélia, en m'échangeant pour lui.

ZÉLIA.

Toi? Pas moi vouloir souffrir.

ZAMOR.

Tu me conseilles de laisser ses vieux ans plier sous des liens affreux, faits pour le vice, et dont on charge la vertu? Lui que

nos lois autorisoient à me vendre, et qui
ne l'a pas fait? Lui qui se sacrifie au bonheur de son fils.

ZÉLIA, (*avec sentiment*).

Et amour à nous?

ZAMOR.

Va me faire mourir, mais non manquer
à mon devoir.

ZÉLIA.

Toi m'aimer plus!

ZAMOR.

Je t'adore, mais je dois tout à mon père.

ZÉLIA.

Amour foible quand devoir l'emporte.

ZAMOR, (*avec passion*).

Toi soupçonner Zamor? Zélia, ma chère
Zélia, au nom de l'amitié, de l'amour qui
nous attache, dis-moi de faire mon devoir,
et ne m'en empêche pas. Moi, jeune, et
encore foible, je te l'avoue en frémissant,
j'ai presque balancé... Ah! Ma Zélia, ne
souffre pas que je me rende indigne de
toi, que j'avilisse l'amour pur qui nous
anime.

ZÉLIA.

Toi laisser moi, ton cœur capable? Ah!
Bon ami, ça devenir Zélia?

ZAMOR.

Tu soulageras la vieillesse de mon père;
bientôt ses bras ne le nouriront plus, son
fils ne sera pas auprès de lui, il faudra
donc qu'il meure?....Ah! Veux-tu ton-
jours l'abandonner, lui qui prit soin de ton
enfance?

ZÉLIA, (*vivement*).

Non, non; moi rester pour gagner sa
vie: (*avec douleur*) mais, hélas! Toi
partir aujourd'hui, et moi mourir demain.

ZAMOR.

Prends courage, ma chère, espérons.

ZÉLIA.

Hé! Qu'espérer? Quand toi sera loin
de moi, mort alors bien belle.

ZAMOR.

Tu restes aux lieux de sa naissance, chaque
objet t'y rappellera un souvenir agréable.

ZÉLIA.

Toi parti, isle plus belle, ciel plus pur,
moi comme Bananier là, (*montrant un
arbre*) lui mourir si soleil étoit perdu.

ZAMOR.

Qu'il est cruel de ne pouvoir associer
son devoir et ses gouts! Mais mon père
souffre, et je diffère! Embrasse-moi, bonne
amie, je cours le délivrer, (*ils s'embrassent*).

ZÉLIA.

Ah! t'embrasser, oui; mais t'abandonner
non, (*il s'échappe de ses bras, elle crie
avec tendresse*) Zamor!....

ZAMOR, (*au cri de Zélia s'arrête dans
l'enfoncement*).
Zélia!
ZÉLIA.

Nous toujours séparés.

ZAMOR, (*touchant son cœur*)

Toi toujours présente là.

ZÉLIA.

Ah! Oui; mais là n'est guères.

Z A M O R.

Nous avoir fait devoir, ame sera tranquille ; il faut du courage, ma chère, nous serons plus heureux séparés, qu'ensemble avec des reproches à nous faire.

Z é l i a, (*après avoir rêvé*).

Bon dieu ! Bon dieu ! Ah ! Oui ; bien bonne idée pour pas séparer nous.

Z a m o r , (*revenant*).

Comment donc ? Eh ! Dis vite, ma chère, dis vite à ton amant.

Z é l i a.

Moi tout de suite me vendre à capitaine pour beaucoup d'argent que je donnerai à ton père ; lui content avec richesse ; et nous partir ensemble.

Z a m o r , (*avec tendresse*).

Lui heureux sans Zamor ni Zélia ?

Z é l i a.

Lui plus besoin de travailler du tout.

Z A M O R.

Mais qui soutiendra sa 'marche chan-
celante ? Qui essuiera ses larmes ? Qui prendra soin de ses vieux ans ? Les services
qu'on achète, ne ressemblent guères à ceux
qui nons sont donnés. Non, non, Zélia, il
ne nous reste aucuns moyens. Ayons donc
du courage.

Z É L I A, (*triste*).

Idée pas bonne ! J'en étois si contente ;
lui pourtant riche alors.

Z A M O R.

Ce sont des soins plus que de l'argent
qu'il faut à mon vieux père. Eh puis en
te vendant, tu ignores les maux que blancs
te feroient éprouver, s'ils ne nous sépa-
roient pas, peut-être . . . .

Z É L I A ; (*avec force*).

Nous séparer ? Ah ! Moi leur en défie ;
plutôt m'arracher à morceaux de tes bras.

Z A M O R.

Adieu, adieu ; ne nous abusons plus.
Je cours demander au capitaine les chaînes

de mon père. Navire pas partir tout de suite, nous nous reverrons encore quelques fois.   (*Il l'embrasse et sort*).

SCÈNE V.
ZÉLIA, (*passionnément*).

MOI te suivre, ou rester morte ici. (*Après un instant de silence*) lui s'en aller et moi rester? Ça pas possible : moi le suivre, le suivre partout, et ne l'abandonner jamais. Père à lui malheureux, moi lui devoir service, moi ingrate peut-être; ah! Non pas ingrate : moi tout faire, tout donner pour lui, excepté laisser mon amant.... Ah, bon, bon! Déjà lui qui retourne avec capitaine.

SCÈNE VI.
ZÉLIA, le CAPITAINE DORVILLE, ZAMOR, (*venant de l'enfoncement; quelques* MATELOTS)

LE CAPITAINE.

QUE dis-tu, mon ami? Tu veux t'échanger pour le vieillard que je viens d'acheter?

ZAMOR.

Oui, monsieur, (*à Zélia*) retire-toi, ma chère.

ZÉLIA, (*à Zamor*).

Non, moi vouloir rester.

LE CAPITAINE, (*à Zamor*).

Quelle raison t'y détermine ?

ZAMOR.

Une bien forte.

LE CAPITAINE.

Mon enfant, tu es encore jeune ; tu ne connois pas tout le prix de la liberté.

ZAMOR.

Au contraire, c'est à mon âge qu'on s'enflamme pour elle. Ah ! La liberté ! Elle est pour moi bien précieuse.

LE CAPITAINE.

Eh, quelques pièces d'or te la font sacrifier ?

ZAMOR, (*avec feu*).

Plutôt mourir.

ZELIA, (*vivement*).

Pas vous connoissez l'y.

LE CAPITAINE.

Quelle est donc ta raison ?

ZAMOR.

La crainte de votre mépris m'arrache mon secret : ce vieillard est mon père.

LE CAPITAINE.

Généreux fils !

ZAMOR.

C'est un devoir que mon cœur m'ordonne de remplir.

LE CAPITAINE.

(*à part*). Que de vertus chez un homme de cette espèce ! (*haut*). Tout m'étonne en toi, tes sentimens et ton langage ?....

ZAMOR.

C'est l'ouvrage de mon père.

LE CAPITAINE.

Eh, pourquoi s'est-il vendu ?

ZELIA, (*vivement*).

Pour payer dette à l'homme qui l'a conduit à vous.

ZAMOR.

Hélas ! Il gémit sous le poids de ses chaînes ; souffrez que j'aille l'en délivrer.

LE CAPITAINE.

(*à part*). Quel domage si ce jeune homme vertueux étoit abruti par les travaux de St. Domingue ! (*haut*). Non , mon ami , je ne veux pas te permettre ce que tu me demandes.

ZAMOR.

Vous me refusez !.... Ah ! Je vous en supplie. Infiniment plus jeune que mon père , je vaudrai plus d'argent , je travaillerai d'avantage ; ce corps vous servira plus long-tems.

LE CAPITAINE.

Je sais que j'agis contre mes intérêts ; mais, jeune homme , ton père est vieux , sa carrière ne peut être longue , il sera bientôt déchargé de ses fers ; et toi aux premiers jours de ta vie, tu les porterois encore cinquante années , peut-être : juge des maux que tu te prépares ; tu t'en repentirois bientôt.

Z A M O R , (*avec sentiment*).

Me repentir d'avoir fait mon devoir ? Ah ! Monsieur, comment nous jugez-vous ? Vous croyez donc que les noirs n'ont pas un cœur ? Quand le travail sera pénible, quand le fardeau sera lourd , je me dirai : c'est l'ouvrage de mon père , et je le ferai avec gaieté.

L E C A P I T A I N E.

Tu ne connois pas les maîtres que je vais te donner....

Z A M O R.

Je les crois bien cruels ; mais si ce sont mes jours que vous voulez épargner, si c'est mon bonheur que votre cœur désire , monsieur, je vous supplie , ne me refusez pas.

Le

LE CAPITAINE.

Écoute ; je suis ici pour quelques mois,
prends le tems de refléchir.

ZAMOR.

Vous me conseillez de le laisser gémir
quelques jours dans les fers ? Hélas ! Je
souffrirois plus que lui. Ne l'avez-vous pas
attaché avec d'autres esclaves dans le fond
d'un cachot, où ils respirent à peine ? N'a-
vez-vous pas confondu cet être vertueux
avec des hommes vicieux et criminels ? Et
vous voulez que je l'y abandonne ? Quel
espèce de bon cœur avez-vous donc ? Comment pouvez-vous donner ce conseil à un
fils ?

LE CAPITAINE, (*à part*).

Que ce langage m'étonne !

ZAMOR.

Mon cher monsieur, vous allez me voir
mourir si vous me refusez.

LE CAPITAINE.

Tu m'intéresses : je ne t'engage à différer

C

tout échange que parceque j'espère que tu trouveras le moyen d'acheter sa liberté sans aliéner la tienne.

Z É L I A , (avec joie).

Ah ! Oui , oui , bon capitaine , bien entendre. Zamor, nous tous deux travailler pour racheter ton père.

Z A M O R.

Généreux mortel , votre procédé me surprend ; nous trouvons rarement de l'humanité chez les gens de votre couleur ; mais hélas ! Je n'en puis profiter , notre pays est sans ressource ; plusieurs années de travail ne suffiroient pas pour payer la rançon de mon père.

L E C A P I T A I N E.

Tes amis !

Z A M O R.

Vous nous avez armez les uns contre les autres et nous n'en avons point. On vend son fils pour avoir de l'argent , comment m'en prêteroit-on pour racheter mon père !

L e C a p i t a i n e.

Je ne peux plus lui résister. Prends les chaînes de ton père, prends-les, respectable fils, et sois sûr que je te les adoucirai.

Z a m o r, (*avec transport*).

Vous me les accordez ? Vous me les accordez ? Ah ! Je vous en remercie.

L e C a p i t a i n e.

Ta conduite serviroit d'exemple aux nations les plus policées ; ton ame est pure, tu trouveras des jouissances dans les fers que tu vas prendre. Sois mon ami ; reste libre dans ton isle , jusqu'au moment du départ. (*à part*). Récompensons la vertu par-tout où elle se trouve.

Z a m o r, (*lui baisant la main*).

Vous me comblez de bienfaits.

Z é l i a, (*tendrement*).

Lui vendu, lui faire devoir ; moi mourir s'il faut l'abandonner.

Z a m o r.

Mon père gémit.

LE CAPITAINE, (*aux matelots*).

Qu'on amène ce vieillard. (*les matelots vont le chercher*). Je vais lui rendre la liberté, mais tes mains pures ne seront point liées tant qu'elles m'appartiendront.

SCÈNE VII.

LE CAPITAINE DORVILLE, ZÉLIA, ZAMOR, AGA, DAUSIER, troupe de MATELOTS, NÈGRES et NÉGRESSES.

(*Deux matelots amènent Aga, dont les mains sont enchaînées*).

AGA.

OU me conduisez-vous mes amis? Voulez-vous augmenter mes regrets?

ZAMOR, (*appercevant son père*).

Ah, mon père! (*ils s'embrassent*).

AGA.

Dieu! Mon fils! Voilà tout ce que je redoutois.

Z É L I A.

Vous bien chargé. (*Elle soutient ses chaines*).

L E C A P I T A I N E.

Matelots, ôtez-lui ses chaînes. (*Deux matelots les lui détachent*).

A G A.

Me les ôter ! Quel bonheur imprévu ! Monsieur, qu'est-ce que cela veut dire ?

L E C A P I T A I N E.

Ton fils vient s'échanger pour toi.

A G A.

Lui ? (*Aux matelots*) Laissez-moi ces fers. Grand dieu, quel présent je lui auros fait !

Z A M O R.

Ah, donnez-les moi, ils sont indignes de vous.

A G A.

Le sont-ils plus de toi ? Laisse-les moi, ils me rappellent le service rendu à mon ami ; je ne leur trouve d'affreux que la séparation qui va les suivre.

C 3

LE CAPITAINE.

Que tous ces gens m'étonnent. !

ZAMOR.

Respectable père, nos lois vous autorisoient à m'en charger.

AGA.

Nos lois sont injustes et barbares, ma conscience me défend de les suivre.

ZAMOR.

Et mon cœur me l'ordonne. Ah ! Je vous en supplie.

AGA.

Moi faire ton malheur !

ZAMOR.

On peut encore être heureux dans des cachots, lorsque l'injustice des hommes nous y renferme.

AGA

Tu as raison : c'est le crime qu'il faut craindre. Sois toujours vertueux, suis les lois de ton cœur et celles de la nature. Ne te laisse point abbattre par le mépris ;

songe que c'est l'arme des sots , qu'un homme en vaut un autre , et que le meilleur est celui qui a rendu le plus de service à sa patrie.

LE CAPITAINE.

Quelle leçon! Elle est digne d'un républicain. Vieillard respectable , ton langage me surprend.

AGA,

Vous êtes étonné de trouver chez un noir quelques préceptes d'honneur; vous nous croyez des brutes ; mais vos intérêts vous abusent ; nous avons un cœur , nous sentons comme vous; vos richesses seules nous ont corrompus : jugez quel reproche vous avez à vous faire.

LE CAPITAINE, (*à part*)

Il a raison ; pour de foibles intérêts nous apportons le malheur chez eux.

AGA.

Monsieur, vous êtes jeune encore, ouvrez les yeux sur ce commerce. (*lui montrant les esclaves*) voyez ces malheureux , et demandez à votre cœur s'il est content de les avoir faits.

LE CAPITAINE.

Quel trait de lumière! Des remords s'élèvent dans mon âme.

AGA, (*à Zamor*).

Mon fils, nous nous voyons peut-être pour la dernière fois, je vais consommer mon ouvrage, mon désir depuis vingt années, je vais t'unir à ma Zélia.

ZÉLIA, (*à part*).

Cœur à moi battre bien fort.

AGA.

Je vous élevai l'un pour l'autre ; donnez-moi vos deux mains, (*Zamor se retire avec vivacité et Zélia très-lentement*) que j'emporte la certitude de votre bouheur.. ......Comment, vous vous retirez? Ne vous aimez vous plus?

ZÉLIA, (*avec passion*).

Ah! Si fait.

ZAMOR.

Nous nous adorons; mais votre félicité nous est plus précieuse que la nôtre. Le

sacrifice de notre amour est fait. Mon père,
je prends vos chaînes, je les prendrai
malgré vous plutôt. Zélia reste pour vous
servir d'appui : vous élevates son enfance;
elle soignera vos dernières années.

A G A.

Mes chers enfans, ce sacrifice m'est bien
précieux, mais il n'y auroit pas de bonheur pour moi si vous étiez séparés.

Z A M O R, (à *Aga*).

Ce capitaine est sensible, il est humain,
il s'intéresse à mon sort; il me laissera la
liberté jusqu'au moment de son départ;
je passerai encore quelques instans auprès
de vous.

A G A, (*au Capitaine*).

Ah! Bon capitaine, jeune homme vertueux, accordez-moi ce que vous lui avez
promis; permettez-moi.....

L E C A P I T A I N E.

J'y consens d'un grand cœur, ta probité
me suffit pour garant.

A G A, (*avec délire*).

Mes heureux jours ne sont donc pas tous écoulés ?

Z A M O R, (*avec sentiment*)

Vous persistez à garder vos chaînes ? à me les refuser ? Eh bien ! elles resteront attachées à vos bras ; mais vous ne pourrez pas m'empêcher de les soutenir. Capitaine, achetez-moi.

Z É L I A, (*avec joie*).

Achetez-moi aussi.

A G A.

Mes enfans, qu'allez-vous faire ? Vendre votre liberté, votre seule richesse ?

Z É L I A,

Nous tout sacrifier pour vous suivre.

L E C A P I T A I N E, (*attendri*)

Quel tableau !

Z É L I A.

Pas vous refusez nous ?

A g a.

Ne les achetez pas , vous auriez leur malheur à vous reprocher.

Le Capitaine.

Je ne fus jamais aussi vivement ému.

Zamor.

Vous hésitez ? Ah ! Prenez-nous pour rien , mais ne nous séparez pas.

Le Capitaine, (*très-attendri*).

Que vous m'attendrissez !

A g a.

Ne cédez pas.

Le Capitaine, (*très-attendri*).

Mes amis, mes bons amis, vos débats me déchirent, bon respectable vieillard, reprends ta liberté, je te la donne. Puisse cette action réparer tout le mal que j'ai fait !

A g a, (*surpris*).

Ma liberté !

Zamor.

Sa liberté !

Zélia.

Ah ! Bon capitaine, toi faire bonheur à nous, toi bien aimable.

A G A.

Vous me donnez la liberté? Vous me la
donnez ?

L E C A P I T A I N E.

Oui, je te la donne, c'est la récompense de tes vertus.

Z A M O R.

Véritable ami de l'humanité, premier blanc
généreux qui aborde cette isle, ton nom
y restera en vénération; chaque jour nous
prierons le soleil de récompenser ton mérite.

Z É L I A.

Oui, tous les jours.

A G A.

A chaque instant de ma vie.

L E C A P I T A I N E.

Je jure devant vous tous, mes amis, d'a-
bandonner ce commerce abominable, digne
des nations barbares et non d'une société
policée ; si j'étois assez riche pour vous
rendre à tous la liberté, je le ferois ; mais
vous appartenez à mon armateur, et je ne
puis disposer de sa fortune.

Z A M O R, (*dans le délire*).

Mon père, ma Zélia, quel bonheur imprévu !

A G A.

Tu vois, mon fils, tout le bien qu'un
honnête homme peut faire.

L E C A P I T A I N E.

Jeunes gens, donnez-moi vos mains l'un
et l'autre, que je les unisse dans celles de
votre vénérable père. Soyez heureux, et
n'oubliez jamais le capitaine Dorville.

(*Il les unit*).

Z A M O R et Z É L I A.

Ah ! Jamais !

SCÈNE VIII *et dernière.*

LES PRÉCÉDENS, COMPTAR, (*une lettre
à la main, perçant la foule*).

C O M P T A R.

Où est le Capitaine ? Où est le Capitaine ?

Z A M O R.

Te voilà, cruel ?

LE CAPITAINE.

Que veux-tu, homme inhumain? Tu as
fait le malheur de cette respectable famille
qui t'a couvert de ses bienfaits.

AGA.

Monsieur m'a bien prouvé que tous les
blancs ne te ressemblent pas.

COMPTAR, (*embarrassé*).

J'y ai été forcé.... — Capitaine, un navire
arrivé de France à la minute, vient de me
faire remettre ce paquet pour vous.

(*Il lui donne*).

LE CAPITAINE.

Des nouvelles de mon pays! Un paquet
du gouvernement! (*il lit*). Quelles excellentes nouvelles! Que je suis charmé que
mon cœur ait prévenu les lois de mon pays!
Mes bons amis, la traite est supprimée.

TOUS ENSEMBLE, (*avec joie*).

Supprimée!

DAUSIER.

Je l'avois prédit.

CENTER: **COMPTAR.**

Quelle horreur ! (*bas*). Sauvons - nous.
(*Il s'en va*).

AGA.

Votre nation renonce à ce commerce affreux ?

LE CAPITAINE.

Oui, mes amis ; et le ministre ajoute que
tout capitaine dans ce moment en traite ,
ait à rendre la liberté aux esclaves qu'il a
faits. Mes camarades, vous êtes tous libres ;
matelots, détachez leurs chaînes. (*Il continue de lire*).

(*Les matelots défont les chaînes des
Nègres et Négresses , tous font des démons-
trations de joie et de remercîmens*).

Il ajoute encore que ceux de vos frères
qui habitent St. Domingue, ne sont plus la
propriété d'autres hommes ; mais des citoyens protégés par la loi. Ma nation vous
rend libres , j'en suis charmé ; je n'aurai
pas votre malheur à me reprocher....

(*Ils se réjouissent ensemble*).

A G A.

Je ne vous en ai pas moins l'obligation de ma liberté ; vous l'avez donnée avant votre nation.

Z A M O R et Z É L I A.

Nous tout devoir à vous.

L E C A P I T A I N E.

Mes bons amis, les hommes n'auront plus a nous craindre, mais à nous imiter.

F I N.

(On peut exécuter un ballet de Nègres).

CHEVE D'IMPRIMER LE 30 SEPTEMBRE 1968 PAR GALLI THIERRY,
MAITRE IMPRIMEUR A MILAN POUR LE COMPTE DE

EDHIS

EDITIONS D'HISTOIRE SOCIALE
10, RUE VIVIENNE A PARIS

IL A ETE TIRE 750 EXEMPLAIRES NUMEROTES SUR PAPIER
VERGE A LA MAIN, PLUS 30 EXEMPLAIRES HORS COMMERCE

EXEMPLAIRE N° 165

9 782013 618045